把话说到位系列

U0721459

超级说服学

不争执、不对立的沟通技巧

CHAOJI
SHUOFUXUE

赵晓东◎编著

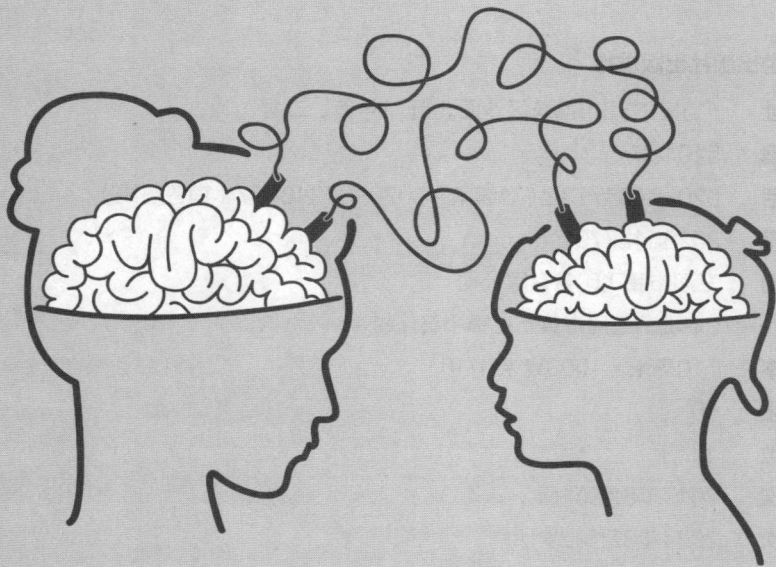

广东旅游出版社
GUANGDONG TRAVEL & TOURISM PRESS
悦读书·悦旅行·悦享人生

中国·广州

图书在版编目（CIP）数据

超级说服学：不争执、不对立的沟通技巧 / 赵晓东编著. — 广州：广东旅游出版社，2017.8（2024.8重印）

ISBN 978-7-5570-1012-6

Ⅰ. ①超… Ⅱ. ①赵… Ⅲ. ①说服 - 语言艺术 - 通俗读物 Ⅳ. ① H019-49

中国版本图书馆CIP数据核字（2017）第130588号

超级说服学：不争执、不对立的沟通技巧

CHAO JI SHUO FU XUE : BU ZHENG ZHI、BU DUI LI DE GOU TONG JI QIAO

出 版 人	刘志松
责任编辑	李　丽
责任技编	冼志良
责任校对	李瑞苑

广东旅游出版社出版发行

地　　址	广东省广州市荔湾区沙面北街71号首、二层
邮　　编	510130
电　　话	020-87347732（总编室）　020-87348887（销售热线）
投稿邮箱	2026542779@qq.com
印　　刷	三河市腾飞印务有限公司
	（地址：三河市黄土庄镇小石庄村）
开　　本	710毫米×1000毫米 1/16
印　　张	16
字　　数	171千
版　　次	2017年8月第1版
印　　次	2024年8月第2次印刷
定　　价	68.00元

本书若有倒装、缺页影响阅读，请与承印厂联系调换，联系电话 0316-3153358

序 言

　　世界上没有完全相同的两片树叶，也没有完全相同的两种意识，人和人不同的思想意识构成了纷繁美丽的世界。同时，也正是由于阵线不同，团体与团体之间，人和人之间，不可能永远保持一致，难免会出现意见相左，会出现误会与争执，但关键在于我们应该怎样去解决这些问题。争执大多始于日常生活中鸡毛蒜皮的小事，一句笑话，一个脸色，一篇文章，一封书信，一道传闻，一件用具，等等，都可以成为产生误会的原因。

　　有些争执初时不深，若未及时消除，可能会随着时间的加长而裂痕愈益增大，误会愈益加深。有的因误会加深而成为仇敌。

　　争执既已形成，不论是你遭到了误解或你可能正在误解别人，唯有互相疏通才能达到理解，使误会消除。这个时候我们最需要的就是沟通，最需要的就是用沟通代替争执！所谓"沟通"——就是使"水沟""畅通"，让管道无阻碍……

　　政府与人民之间的"管道"不畅通了，有了民怨，需要沟通！

　　公司与职员之间有了"鸿沟"，造成误解与裂痕，需要沟通！

　　朋友与同事间有了"误会"，造成怨恨与不理解，需要沟通！

　　父母师长与孩子之间的"代沟"，造成叛逆，需要沟通！

1

最要命的是自己的脑袋被堵住了，总和自己过不去，需要好好地静下来想一想，也是一种沟通！沟通，就是把管道打通，让任何人之间没有误解，没有争执，让彼此能交流，能理解，能产生共识。就像大禹治水，通过沟通与疏导，可以让敌人变成朋友，可以让不同的解释变成共识。

这是个沟通的年代，两国的争端，不应该用打仗解决；夫妻有矛盾，不必破口大骂；这次生意不成，下次还可以合作；会议上"水火不容"，可以沟通后"共同改进"……

总之，只要我们每一个人都能够学会有耐心、有诚心地去与他人沟通，学会与他人求同存异，那么我们的这世界必将更加和谐，我们的社会和生活也将更为美好。

因此，我们可以毫不夸张地说：与人沟通的技巧是人生的润滑剂，即使在最美好、最友爱、最单纯的关系中，沟通技巧也不可或缺。

而精通沟通的技巧，能够擦亮我们的眼睛，开阔我们的心胸，使我们在人际交往中如鱼得水，游刃有余；精通沟通的技巧，我们就能够懂得在恰当的时候说出恰当的语言，避免各种尴尬、误会与无谓的争论；精通沟通的技巧，我们将会拥有更多的朋友和减少更多的敌人；精通沟通的技巧，我们将不会再为下级对自己的敬而远之而苦恼，为上司对自己的视而不见而气馁，为同事对自己的冷淡而伤怀。

总之，精通沟通的技巧，我们赢得的将是尊重与爱戴、好感与青睐、信任与友谊。

因此，翻开本书，让我们来掌握能够让我们避免争执和对立的沟通技巧吧！

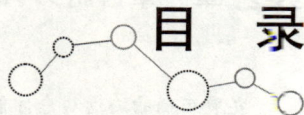

目　录

序言

第 1 章　沟通才会减少争执和对立

在现代社会关系里，要想减少争执和对立，的确离不开人与人之间的沟通。有一句俗话说得好：沟通不是万能的，但没有沟通就万万不能。

第2章　掌握游刃有余的沟通方式

发展正确的沟通观念才能有益地帮助强化自己的沟通，让我们与周围的人们相处时游刃有余。当然，要发展正确的沟通观念实际就是一个认识自我、改造自我、完善自我的问题，也就是加强自我修养的问题。

第3章　掌握大方得体的沟通方式

我们的沟通技能不是与生俱来的，因此要认真地学习和有意识地训练，只有不断总结经验，了解、掌握并强化沟通技能，我们在与他人沟通的过程中才会大方得体，赢得他人的认可。

第4章 掌握用心倾听的沟通方式

在日常工作生活中，人们往往把沟通等同于掌握读、写、说的技术。但我们却忽视了沟通的另一种重要技能，即倾听。事实上，我们在日常工作与生活中花费了近40%的时间用于倾听之上。

第5章　掌握因人而异的沟通方式

在工作中，生活中，学习中，为了办事、合作、升学、就业等，我们总是要和不同的人打交道，打交道就要沟通。沟通顺利，则工作、生活、学习成功；沟通失败则会给我们带来不尽的烦恼。因此，一定要学会因人而异的沟通技巧。

第 6 章　掌握待人以诚的沟通方式

　　待人以诚的沟通技巧是人际沟通中的润滑剂，掌握了待人以诚的技巧，可以大大提升我们的沟通能力。因此，我们要学会通过真心的寒暄和问候、诚挚的交谈和赞美等方式，经常地、适时地与他人保持必要的情感沟通。

第 7 章　掌握以情动人的沟通方式

　　与情人相处是一门美妙的艺术，需要悉心体会，认真揣摩。只有谈得惬意，说得圆满，才能赢得最真挚的爱意，才能让两颗心灵在甜言蜜语的沟通中撞出爱的火花。

第 **8** 章　掌握领导有方的沟通方式

同样是领导，在和人沟通的时候，有的人讲话分量重，有的人讲话分量轻，这就是沟通方式所造成的差异。因此，采用什么样的沟通方式，对一个领导者而言十分重要。

第 9 章　掌握言之有理的沟通方式

与人辩论就要言之有理、言之有物，这样才能在辩论中争取主动，驳倒对方。才能更好地在与他人的沟通中让别人信服你的观点，争取到最大的支持。

第10章　掌握出奇制胜的沟通方式

谈判是一种为了获取最大的利益而展开的高级沟通方式。一般来说，谈判是实力、智力、精力、毅力、语言表达能力、思维反应能力、交际能力等方面的大较量。要想赢得谈判就要了解谈判，必要时刻出奇制胜。

第11章　掌握步步为营的沟通方式

说服是一门学问，是沟通这门大学问中的小学问。强有力的说服力使我们能够在一些关键的时刻说服他人，顺利达成自己的目的。

第12章　　掌握诙谐机智的沟通方式

在某些尴尬的场合或者困境中我们要善于巧妙地运用诙谐机智的语言来回应他人的责难、挑衅等行为。这样不仅缓解了气氛，还能引导沟通朝对自己有益的方向前进。

第1章
沟通才会
减少争执
和对立

在现代社会关系里，要想减少争执和对立，的确离不开人与人之间的沟通。有一句俗话说得好：沟通不是万能的，但没有沟通就万万不能。

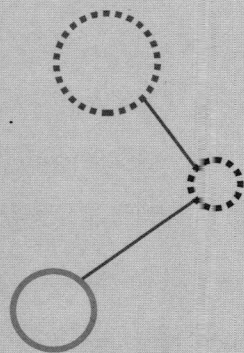

沟通改变我们的生活

随着现代社会的日益发展和进步，各种各样的社会关系也越来越复杂。面对各种复杂的社会关系，我们如何才能够获得和谐、融洽、真诚的家庭关系、朋友关系、同事关系以及上下级关系呢？也许我们能够给出很多的答案，但是毫无疑问所有答案的根本就是学会与人沟通。

曾经在媒体上报道过这样一件事：在临江门都市广场解放碑人才大市场的"白领e族"中高级人才招聘会上，一位祖籍义乌，拥有计算机仿真专业博士文凭的博士生，面对人事经理要他做个自我介绍的简单要求，除了一个劲地要求人事经理看简历外，所做的只是不断地重复诸如自己是哪里人、哪个大学毕业等一些基本信息，结果，很多公司都婉言谢绝了这位博士。瑞甾恩科技有限公司的人事经理说："我们不会招聘一位沉默寡言，连自我介绍都讲不清楚的员工，哪怕他是博士。"确实，如果一名员工无法清楚表达自己的想法，是很难与其他同事沟通的，更谈不上完成一个团队的任务。

其实，不论是个人还是社会，都是一个各种因素平衡交织相互作用而形成的系统。系统必须是开放的，不能与其他系统进行沟通的系统只能是垂死的系统。连与他人交流都成问题，即便是博士又能怎么样呢？

所以善于沟通，应该是每一个想要成功的人必须具备的首要本领。

还有这样一个故事：几年前，有一对外地来的两口子在老王家所在的小区新开个铺子卖蒸菜：蒸猪肉、牛肉、排骨、扣肉之类。第一次去，那女人对老王笑容可掬："老顾客，我们是自然要优惠的。"老王明明是第一次看见她，"估计她把每一个人都叫做老顾客吧！"老王这样想。老王买她一碗扣肉，她送老王一碗土豆。"买一送一。"她笑嘻嘻地说。回去后老王的爱人说她的土豆好吃，于是隔几天老王又去买她的。这一回她可能真的认得老王了，笑得更殷勤。老王买了一碗牛肉，再次获赠一碗土豆。老王说："我们是觉得你的土豆好吃才买的呢。"她马上接口："是呀是呀，老顾客嘛，下次你不买肉光来拿一碗土豆也可以。"菜好吃，人会说，一来二去熟悉了，老王成了回头率较高的顾客之一。但凡家里来个客人，总要去买点。

前后两个故事一对照，我们不能不承认在沟通能力上，那位博士远远不如这个卖菜的女人，卖菜的女人把自己的能力发挥到了极致，提升了自己的生活质量；博士空有一身本领，却成了摆设。

现代社会是一个竞争与合作的社会，有的人在竞争中失败，有的人在合作中成功，这其中奥妙何在？生意场上有"金口玉言"和"利言攸先"之说；政治场上有"领导过问了"和"一言定升迁"之说；文化界有"点睛之笔"和"破题之语"；生活中常有"酒逢知己千杯少，话不投机半句多"和"生死荣辱系于一言"之说。可见，在现代交际中，是否能说，是否会说，以及与言谈交际相关知识能力的多寡，实在影响着一个人的成功和失败。

历史上，孔子运用口语艺术开展教育；晏子使楚口才不凡；苏秦以雄辩之才挂起六国相印；张仪四处游说建功立业；范雎说秦王；触龙说赵太后；蔺相如"完璧归赵"；诸葛亮联吴抗曹，舌战群儒……到了近代和现代，也涌现梁启超、孙中山、鲁迅、毛泽东、周恩来、闻一多等等许多能言善讲的大师巨擘。

"听君一席话，胜读十年书。"的确，跟有知识而且善于沟通的人交谈，比听到雄壮的音乐更能振奋我们的精神，美好的语言总是带给人们无比的愉悦和欢畅，同时也大大地增进了人们之间感情的融洽。

难怪美国著名的社交活动家卡耐基说过："一个人的成功只有15%是依

靠专业技术，而85%却要依靠人际关系、有效说话等软科学本领。"

确实，千亏万亏吃得，但是，不善于沟通的"哑巴亏"绝对吃不得！

从另一方面我们再审视一下现实生活中人们经常遇到的诸多不理解或者是抱怨他人的现象。例如，经常有在家庭中父母抱怨不能接受儿女们过于新潮的观念，而儿女们也经常抱怨父母太固执和保守；在部队里军官总是责怪士兵不听从指挥，而士兵也常常责怪军官缺乏人情味；在单位里下属常常抱怨领导者太专制，刚愎自用，一派家长作风，而领导则经常批评下属们缺乏责任心，不能专心本职工作……诸如此类，不一而足。那么现实生活中为什么会产生这样多的不理解呢？相信大家都会不约而同地回答："缺乏沟通。"的确，沟通存在于我们生活中的每一个角落，每一天它都在影响和改变着我们的生活。

既然在现实生活和工作中沟通是那么关键。那么究竟什么是沟通呢？

英国的《大英百科全书》认为，沟通就是"用任何方法，彼此交换信息。即指一个人与另一个人之间用视觉、符号、电话、电报、收音机、电视或其他工具为媒介，所从事之交换消息的方法"。在英文中，"沟通"这个词一方面可以翻译成沟通，同时也可以翻译成交流、交际、交往、通信、交通、传达、传播等。这些词在中文中的使用尽管会有些微差异，但它们本质上都涉及到了信息交流或交换，其基本含义是"与他人分享共同的信息"。

因此，我们可以这么认为，在我们的生活与工作中，所谓的沟通就是人与人之间转移信息的过程，有时人们也用交往、交流、意义沟通、信息传达等术语，它是一个人获得他人思想、感情、见解、价值观的一种途径，是人与人之间交往的一座桥梁，通过这座桥梁，人们可以分享彼此的感情和知识，也可以消除误会，增进了解。

沟通是一种关键能力

毫无疑问，沟通首先是意义上的传递。如果信息和想法没有被传递到，则意味着沟通没有发生。也就是说，说话者没有听众或写作者没有读者都不能构成沟通。

其二，要使沟通成功，意义不仅需要被传递，还需要被理解。如果写给我的一封信使用的是本人一窍不通的西班牙语，那么不经翻译就无法称之为沟通。沟通是意义上的传递与理解。完美的沟通，如果其存在的话，应是经过传递后被接受者感知到的信息与发送者发出的信息完全一致。

尤为重要的是，一个观念或一项信息并不能像有形物品一样由发送者传送给接受者。在沟通过程中，所有传递于沟通者之间的，只是一些符号，而不是信息本身。语言、身体动作、表情等都是一种符号。传送者首先把要传送的信息"翻译"成符号，而接受者则进行相反的"翻译过程"。由于每个人"信息——符号储存系统"各不相同，对同一符号（例如身体语言）常存在着不同的理解。例如，在美国，用拇指和食指捏成一个圈向别人伸出时，象征"OK"这个词；在日本，表示钱；在阿拉伯人当中这种动作常常伴随以咬紧牙关，表示深恶痛绝。问题在于，许多管理人员并没有意识到这一点，忽视了不同成员"信息——符号储存系统"的差异，自认为自己的词汇、动作等符号能被对方还原成自己欲表达的信息，但这往往是不正确的，而且导致了不少沟通问题。另外，良好的沟通常被错误地理解为沟通双方达成协议，而不是准确理解信息的意义。例如，当意见分歧发生时，不少人常常将分歧归因于对方未能完全领会自己的看法，他们认为良好的沟通是使别人接受自己的观点。但是，你可以非常明白对方的意思却不同意对方的看法。事实上，沟通双方能否达成一致协议，别人是否接受自己的观点，往往并不是由沟通良好与否这个因素决定的，它还涉及到双方根本利益是否一致，价值观念是否类同等其他关键因素。例如在谈判过程中如果双方存在着根本利益的冲突，即使沟通过程中不存在任何噪声干扰，谈判双方沟通技巧十分娴熟，往往也不能达成一致协议，但沟通双方每个人都已充分理解了对方的观点和意见。困难重重的巴以和谈即是典型的例子。

沟通的信息是包罗万象的。在沟通中，我们不仅传递消息，而且还表达赞赏、不快之情，或提出自己的意见观点。这样沟通信息就可分为：事实、情感、价值观、意见观点。如果信息接受者对信息类型理解与发送者不一致，就有可能导致沟通障碍和信息失真。在许多发生误解的问题中，其核心都在于接受人对信息到底是意见观点的叙述还是事实的叙述混淆不清。比如，"小王常常在单位的组织生活会上发言"和"小王爱出风头"是两人对同一现象作出的描述，一个良好的沟通者必须谨慎区别基于推论的信息和基于事实的信息。也许小王真的是爱出风头，也有可能是他关心集体事业，畅所欲言，踊跃给领导提出合理化建议。另外，沟通者也要完整理解传递来的信息，既获取事实，又分析发送者的价值观、个人态度，这样才能达到有效的沟通。

因此，我们个人的沟通能力很重要。著名管理学家巴纳德就认为："沟通是一个把组织的成员联系在一起，以实现共同目标的手段。"现实中大量的资料表明：生活中绝大部分的错误是由于不善于沟通造成的。由此可见沟通能力很重要。

而且在某些特定的场合里沟通能力甚至是可以决定生与死的。现实生活中就有这样一个活生生的例子。1990年1月25日，由于阿维安卡52航班飞行员与纽约肯尼迪机场航空交通管理员之间的沟通障碍，导致了一场空难，机上遇难人数多达 73 人。

1990 年 1 月 25 日晚 7 点 40 分，阿维安卡 52 航班飞行在南新泽西海岸上空 11277.7 米的高空。机上的油量可以维持近两个小时的航程，在正常情况下飞机降落至纽约肯尼迪机场仅需不到半小时的时间，这一缓冲保护措施可以说十分安全。然而，此后发生了一系列耽搁。首先，晚 8 点整，肯尼迪机场管理人员通知 52 航班由于严重的交通问题他们必须在机场上空盘旋待命。晚 8 点 45 分，52 航班的副驾驶员向肯尼迪机场报告他们的"燃料快用完了"。管理员收了这一信息，但在晚 9 点 24 分之前，没有批准飞机降落。在此期间，阿维安卡机组成员再没有向肯尼迪机场传递任何情况十分危急的信息，但飞机座舱中的机组成员却相互紧张地通知他们的燃料供给出现了危机。

晚 9 点 24 分，52 航班第一次试降失败。由于飞行高度太低以及能见度太差，因而无法保证安全着陆。当肯尼迪机场指示 52 航班进行第二次试降时，机组成员再次提到他们的燃料将要用尽，但飞行员却告诉管理员新分配的飞行跑道"可行"。晚 9 点 32 分，飞机的两个擎失灵，1 分钟后，另两个也停止了工作，耗尽燃料的飞机于晚 9 点 34 分坠毁于长岛。

当调查人员考察了飞机座舱中的磁带并与当事的管理员交谈之后，他们发现导致这场悲剧的原因是沟通障碍。为什么一个简单的信息既未被清楚地传递又未被充分地接受呢？下面我们针对这一事件作进一步的分析。

首先，飞行员一直说他们"燃料不足"，交通管理员告诉调查者这是飞行员们经常使用的一句话。当被延误时，管理员认为每架飞机都存在燃料问题。但是，如果飞行员发出"燃料危急"的呼声，管理员有义务优先为其导航，并尽可能迅速地允许其着陆。一位管理员指出，如果飞行员"表明情况十分危急，那么所有的规则程序都可以不顾，我们会尽可能以最快的速度引导其降落的"。遗憾的是，52 航班的飞行员从未说过"情况紧急"，所以肯尼迪机场的管理员一直未能理解到飞行员所面对的真正困境。

其次，52 航班飞行员的语调也并未向管理员传递燃料紧急的严重信息。许多管理员接受过专门训练，可以在各种情境下捕捉到飞行员声音中极细微的语调变化。尽管 52 航班的机组成员相互之间表现出对燃料问题的极大忧虑，但他们向肯尼迪机场传达信息的语调却是冷静而职业化的。

最后，飞行员的文化和传统以及机场的职权也使 52 航班的飞行员不愿意声明情况紧急。正式报告紧急情况之后，飞行员需要写出大量的书面汇报。另外，如果发现飞行员在计算飞行过程需要多少油量方面疏忽大意，联邦飞行管理局就会吊销其驾驶执照。这些消极强化物极大阻碍了飞行员发出紧急呼救。在这种情况下，飞行员的专业技能和荣誉感可以变成赌注。

没有不能沟通的事

日益进步的社会和纷繁复杂的人生牵涉到千头万绪，方方面面，随便哪一方面某一个时刻的无意识之间，都可能造成人们之间的争执。人民与政府之间，公司与职员之间，老师与学生之间，家长与孩子之间，甚至一个人在想不开的时候也会和自己的脑袋发生争执。

社会文明最大的标志之一就是和谐，但是，我们的生活中不和谐的音符越来越多，把美好误为丑恶，把善意误为恶意，把真诚误为虚伪，把正确误为错误，把鲜花误为毒草……都可以成为人生中的一层阴影，一种难堪，一次痛苦。所有这一切的不和谐，最需要什么？是的，最需要的就是沟通，最需要的就是用沟通代替争执！

先看下面的几个故事。

故事一：

从前有一位的宰相，知道广东发生了严重水灾，便请求皇上让广东那一年不用上缴粮食。

可是在朝廷上皇帝不置可否，只说"让我想想"，于是这件事情就搁下了。

但是宰相的心里放不下这件事，因为广东千千万万的难民在饱受疾苦。于是，这个宰相在每天陪皇帝下棋的时候，他每下一步棋，都先用棋子轻轻敲着棋盘，唱着"镪、镪、镪，广东免解粮"。

一天唱、两天唱，有一天皇帝也跟着他敲着棋盘唱："镪、镪、镪，广东免解粮。"皇帝的话音刚落，宰相立刻跪在地上谢主隆恩。因为君无戏言，广东当年真的不用上缴粮食了。

故事二：

有个小孩要出去玩，妈妈正在厨房忙，没好气地说：

"不准出去！"

"为什么嘛？"小孩问。

"还为什么！不准就是不准！"妈妈说。

"为什么嘛？"小孩又问。

"不为什么！就是不准！"

"为什么嘛？"小孩又问。

"不为什么！"

"为什么嘛？"小孩又问，一遍、两遍、三遍。

妈妈实在受不了了：

"好啦、好啦，你出去玩吧！"

故事三：

有个美国公司的代表到日本谈生意。

日本人用奔驰车把美国代表接到豪华旅馆，晚上就在旅馆的宴会厅请客。

第二天，日本人一早就带美国代表四处参观，晚上先吃饭，再去酒廊喝酒。

第三天，日本老板领一堆部属到旅馆来，带着美国代表，浩浩荡荡去相关企业的公司拜会，晚上又由那公司的人请客、喝酒。

第四天，美国代表急了，说：

"我们是不是可以谈生意了？"

"不急嘛！不急嘛！先认识朋友，了解我们公司嘛！"日本老板说，又带他去工厂，由工厂负责人请客喝酒到深夜。

第五天，总算拿出了合约，美国代表向来都很慎重的，但是不知道为什么，好像还没有看清楚，就签了字。

好！故事说完了，首先让我们看看故事中的那个宰相用了什么沟通的方法。他是利用特殊情况，暗度陈仓的沟通。

故事二中的小孩用了什么方法？他用的是耍赖和"磨"的功夫做沟通。

故事三中的日本公司用了什么方法？

那是一种温情，用人和人之间的感情作为沟通的媒介。

其实，这个世界上根本不应该有争执，因为对待任何事情，只要我们有诚意地去开展沟通，就不会存在矛盾，不会存在争议。沟通的目的是获得双赢，为什么我们不多给对方一些笑脸，多想一些办法去化解争执呢？这样下来，你好、我好、大家都好，不是吗？

没有解不开的结

世界上没有完全相同的两片树叶，也没有完全相同的两种意识，人和人不同的思想意识构成了纷繁美丽的世界。同时，也正是由于阵线不同，团体与团体之间，人和人之间，不可能永远保持一致，难免会出现意见相左，会出现误会与争执，但关键在于你怎样去解决这些问题。

人生在世，精神的愉快胜过一切，而和谐美好的人际关系无疑是构成心情愉快的重要因素；由于各种原因，有些人际关系是无法达到和谐的。但是误会则使本可以做到和谐或本来是和谐的关系因误会而形成人际关系中的遗憾。所以说，它比直接的、不良的人际关系更多一层痛苦。它是对美好关系的破坏。这种破坏并非主观的、有意识的、故意的，而只是因为互相的隔膜、意识的不可通性、感情的客观障碍所致。

争执既已形成，不论是你遭到了误解或你可能正在误解别人，唯有互相疏通才能达到理解，使误会消除。

通常，人际关系中容易产生争执的是这样一些人：交谈交往极少者，互不了解个性者，性格内向者，个性特别者，自视清高者，狂妄傲慢者，神经过敏者，常信口开河者，爱挑剔小节者，等等。

与上述这些人交往，不论是初次的或多次的，你都要注意你的言行是否容易产生歧义，是否可能遭到误解。或者你是否对他存有偏见和误会。

任何人都有他独立经营着的那一片小小的天地，形成他之所思、他之所言、他之所行，形成他自己的特色。有的人的这片小天地呈开放张扬的状态，可以随时接纳所有的人。有的人则呈封闭压抑的状态，这是不好交际、不善交际、不易交际的人，与他交往首先得启开那扇封闭的门，待你走进去后才可能发现真正的他，否则，你只能在门外与他交往，这时，各种各样的误会都可能产生。

我们都知道，林黛玉是个特别难打交道的人，随便一句话中的一个用词不妥都会得罪她。她发了脾气，你还不知所为何事。生活中这样的女性并非罕见。

如果你已经自觉意识到遭到了误解，最简便直接的办法当然是直接与误解你的人解释交流，推心置腹，真诚相见，不要搁在胸中，更不要犹豫猜忌。你可以借一次家宴、一场舞会、一次公关活动、一次约会或一个电话互诉衷肠，以你心换他心，以他心换你心。疙瘩解开，冰消雪融，便重归于好。

可能你和对方没有这种直接交流的机会，或者你觉得直接解释交流的方式有些难为情，那么你可以用书信的方式，详尽地阐明自己，也可以化干戈为玉帛。

如果对方对你误解太深，已经对你形成偏见，乃至于把你视同仇敌，消除误解当然要困难许多。一是要有恰当的方式，二是要有一定的时间。你首先可以通过间接的方式，动用和对方亲近的人在你们中间做桥梁、做媒介，把对方的怨气和意见，把你的诚意、你的本心都通过这位中间人在双方间予以传达疏导。传达疏导到一定时机，你们就可以发展到直接解释交流了。

天下没有解不开的疙瘩，没有打不破的坚冰，没有过不去的火焰山。

当你受到误解的时候，误不在你而在对方，如果你对对方之误能够宽容大度不予计较，还主动地想办法去消除对方之误，此为君子度量。

当你受到误解的时候，如果你对对方厌恶憎恨，压根儿不想去消除误会，更不愿主动去做疏通工作，以为那样做是降低了身份，丢了自己的面子，损伤了人格，此为小人之心。

圣人说："受国之垢，是谓社稷主。"——承担全国的屈辱，才算得上是国家的君主。如果你在小小的人际关系圈内也受不得丝毫委屈，吃不得半点亏，头低不下一毫，话多不得半句，那你就去茕茕孑立、形影相吊好了。

避免争执的另一重要建议是回避顶撞或辩论。当你将要陷入顶撞式的辩论旋涡里的时候，最好的办法就是绕开旋涡，避免争论。你不可能指望仅仅以摇唇鼓舌的口头之争来改变对方已有的思想和成见。把细枝末节的小事当作天大的原则问题来加以辩论，是因为我们坚持己见的缘故。只要你争胜好斗，喋喋不休，坚持争论到最后一句话，就可以体验到辩论的"胜利"，可是，这种胜利不过是廉价的、空洞的虚荣心的产物，它的结果将引发对方的怨恨。

谁能够克服喜好争论的弱点，谁就能在社交中获得成功。

日常工作中容易发生争执，有时搞得不欢而散甚至使双方结下芥蒂。人是有记忆的，发生了冲突或争吵之后，无论怎样妥善地处理，总会在心理、感情上蒙上一层阴影，为日后的相处带来障碍。最好的办法，还是尽量避免它。

我们常用这么一句话来排解争吵者之间的过激情绪：有话好好说。这是很有道理的。争吵者往往犯三个错误：第一，没有明确而清楚地说明自己的想法，话语含糊，不坦白；第二，措辞激烈、专断，没有商量余地；第三，不愿意以尊重态度聆听对方的意见。有一个调查说明，在承认自己容易与人争吵的人中，绝大多数说自己个性太强，也就是不善于克制自己。

同事之间有了不同的看法，最好以商量的口气提出自己的意见和建议，语言的得体是十分重要的。应该尽量避免用"你从来不怎么样……""你总是弄不好……""你根本不懂"之类的语言，这必然会引起对方反感。即使是对错误的意见或事情提出看法，也切忌嘲笑。幽默的语言能使人在笑声中思考，而嘲笑他人则包含着恶意，这是很伤人的。真诚、坦白地说明自己的想法和要求，让人觉得你是希望合作而不是在挑人的毛病，同时，要学会听，耐心、留神听对方的意见，从中发现合理的成分并及时给予赞扬。这不仅能使对方产生积极的心理反应，也给自己带来思考的机会。如果双方个性修养、思想水平及文化修养都比较高的话，做到这些并非难事。

如果遇到不合作的人，你就要冷静，不要让自己也成为不能合作的人。宽容忍让可能一时让你觉得委屈，但这能表现你的修养，也能使对方在你的冷静态度面前平静下来。当时不能取得一致的意见，不妨把事情搁一搁，认真考虑之后，或许大家能共同找到解决问题的好办法。

善于理解、体谅别人在特殊情况下的心理、情绪是一种较高的修养。有的人生性敏感，有的人恰恰遇到不顺心的事没处发泄怒气，也许对方正生病，这些都可能是造成态度、情绪反常或过激的原因。对此予以充分谅解，会得到相应的回报。

心胸开阔是非常重要的，谁能没有言谈上的失误和过错？对于别人无意间造成的过错应充分谅解，不必计较无关大局的小事情。法国有一句格言："两个都不原谅对方细小过错的人不可能成为老朋友。"如果以老朋友的态度进行合作，许多冲突是可以避免的。

别让情绪控制你的语言

古希腊思想家亚里士多德曾经说过："人人都会发怒，那是轻而易举的事。不过，发怒要找合适的对象，要恰如其分，要在恰当的时间，目的与方式也要合适，这就不是那么容易了。"

医生说，每一次生气，人体所付出的代价，相当于辛苦工作八个小时。

这是生气对自己造成的损害，然而，生气之时的恶言恶语还有可能对别人造成更大的损害。

语言可以伤人于无形，你一时不经大脑脱口而出的话语，有可能成为别人终身的阴影。

有一个幼儿园老师，恨透了班上一个顽皮捣蛋的男孩。有一次，这个小男孩又闯下大祸，老师惩罚小男孩站在讲台上，并问全班小朋友："你们看看，他像不像一头大笨猪？"

天真无邪的孩子们只知道顺着老师的话回答，他们异口同声地说："像！"

小男孩羞愧地低下头来。他是受到惩罚了，然而，更糟糕的是，这个残酷的惩罚可能将伴随他一生。

他永远不会忘记，曾经有那么多人，当着他的面大声地说他像一头大笨猪。

一位年轻人在年迈的富人家里担任钟点工人，每天，除了清洁工作，还有半个小时的"陪读"任务。

一天，这名年轻人不小心把花瓶与笔筒的位置放反了；这原本不是什么大事，年老的富人却大发雷霆，指着年轻人的鼻子大骂笨蛋……

年轻人一言不发地忍耐着，因为他相当同情这名老人，除了骂人的舌头外，他已别无利器。

在将近十分钟的咒骂后，老人好不容易平息下来，要求年轻人进行每天的例行公事——读一段故事给他听。

年轻人翻着书，找到一个相当吸引人的章节，上面写着："南洋所罗门岛上的一些土著，每当树木长得过大，连斧头都砍不了时，他们就会对着树木集体叫喊，直到树木倒下为止。喊叫扼杀了树木的生命，比任何刀棍、石头都具有杀伤力；正如那些尖酸、刻薄、粗鲁的言语，往往会刺伤人的内心。"

年迈富有但性格怪僻的老人听了这个故事，沉默许久。当年轻人把咖啡送到他面前，准备为他加糖时，老人抬起头来，脸上出现难得的慈祥笑容，亲切地说："不用加糖了，你的故事已经为我加了糖！"

一时之气，造成自己的火山爆发是小事，但是对那些被火山余烬灼伤的人们，却有可能造成难以弥补的伤害。

在生活中，我们常常看到这样一些现象：人多拥挤的公交车辆上，乘客之间由于无意碰撞而引起争吵，双方闹得脸红脖子粗；学校里同学之间为一些鸡毛蒜皮的小事——如不小心碰落了别人的铅笔盒之类——而出言不逊，大动肝火，怒气冲冲；邻里之间为了一些小纠纷而各不相让，争吵辱骂，没完没了。这些都是无原则的冲突，不必要的感情冲动，毫无意义的生气动怒，是无益之怒。

一个人在发怒的时候，最难看。纵然他平时面似莲花，一旦怒而变青变白，甚至面色如土，再加上满脸的筋肉扭曲，那副面目实在可憎。俗语说，"怒从心上起，恶向胆边生"，怒是心理的也是生理的一种变化。人逢不如意事，很少不勃然变色的。年少气盛，一言不合，怒气相加，但是许多年事已长的人，往往一样的脾气暴躁。有一位老者，已到古稀之年，并且半身瘫痪，每晨必阅报纸，戴上老花镜，打开报纸，不久就要把桌子拍得山响，吹胡子瞪眼，破口大骂。报上的记载，他看不顺眼。不看不行，看了怄气。这时候大家躲他远远的，谁也不愿招惹他。过一阵雨过天晴，他的怒气消了。

盛怒之下，体内血球不知道要伤损多少，血压不知道要升高几许，总之是不利于健康。而且血气沸腾之际，理智不大清醒，言行容易逾分，于人于己都不相宜。燕丹子说："血勇之人，怒而面赤；脉勇之人，怒而面青；骨勇之人，怒而面白；神勇之人，怒而色不变。"其实这里所形容的"神勇"是从苦行修炼中得来的。生而喜怒不形于色，那天赋实在太高了。

但是既为芸芸众生，谁又有这样的天赋呢？所以，一般人还是以少发脾气少惹麻烦为上。

为别人所犯下错误生气，你无疑是在拿别人的错误来惩罚自己，想一想，这是多么划不来啊！为突来的情绪生气，你发了一场熊熊的无名火，想一想，这对别人来说，又是多么的不公平！

如果不能控制自己的脾气，那么至少要懂得控制自己的嘴巴。生气时，请不要随便开口，你在这时吐出来的话，往往都不会是"象牙"。

设身处地地替人着想

每个人都设身处地地替人着想，哪里还会有什么不满的情绪？更别说会造成什么人与人之间的隔阂、代沟了！

有一句话说："人必自重而后人重之。"

这句话是提醒人要时时注意自己的行为得不得体。然而，一个人太过"尊重"自己，往往会变成"自视过高"，甚至"自私自利"，凡事只想到自己的利益和别人对自己的评价。

"自重"也许会让别人不能不"重视"你的存在，但是只有当你也以同等的尊重对待别人时，别人才会打从心底里"尊重"你。

一个懂得尊重别人的人，在世界的任何一个角落，都能轻易找到自己的位置。

读书时，小林曾在美国的一家快餐店打工。刚上班不久，他对工作的程序还不熟练，错把一小包糖当作奶精给了一个女客人。

因为他一个小小的疏忽，使得这位女客人非常生气。也许是因为她正在减肥，或者是刚失恋，她当着所有客人的面大声对小林咆哮，简直把那包糖当成毒药："你干什么给我糖？难道还嫌我不够胖？"

那时的小林初来乍到，完全不懂减肥对美国人来说是一件多么沉重的事，只有呆呆愣在那里，不知所措。

快餐店的女经理闻声而来，沉着冷静地在小林耳边轻轻地说："如果我是你，我会马上道歉，并且把她要的东西快点给她。"

小林照经理的吩咐做，致上最诚挚的歉意。那位客人有了台阶下，数落了几声就放过他了。

闯下这个大祸，小林忐忑不安地等着经理出来数落他。没想到经理只是过来对他说："如果我是你，我会在下班后把这些东西认认真真熟悉一下，以后就不会再拿错了。"

不知道为什么，这一句"如果我是你"竟然使小林非常感动，好像听到的是一位朋友的意见，而不是上司的命令，他有一种受到"尊重"的感觉。

后来，可能他比较幸运，无论他在学校上课还是在其他地方打工，不管是老师也好，老板也好，他们明明是提出不同意见，明明是在批评哪里不好，也很少会直接的责问，他们不会说"你怎么能这么做？""你以后不能再这么做！"而是用委婉的口气说"如果我是你，我大概会……"

这种表达方式使小林完全不感到难堪，不感到沮丧，取而代之的是一点温暖和几许鼓励。

只是多了那么几个字，一下子就站到了对方的立场。大家站在同一阵线，每个人都设身处地地替人着想，哪里还会有什么不满的情绪？更别说会造成人与人之间的隔阂和代沟了！

小林时常想："真奇怪，怎么我碰到的老外就这么会做人？他们真懂得说话的艺术，可以把话讲到人的心坎里。"后来，他发现他们之所以会如此说话，是因为他们打从心底里这么想。

当你真正尊重别人，你说出来的话也会像沾了蜂蜜一样甜，而且你所沾的是天然的蜂蜜。

有一次，小林去一个美国演员家做清洁工。这个演员不是什么大明星，但是也位于金字塔的中上层，当女主人交代完他所该做的工作时，突然对他说："请问我能吸烟吗？"

小林吃了一惊，结结巴巴地回答："你……你是在问我？"

她笑着说："是啊！我想抽根烟，可以吗？"

"这是你的家呀！怎么抽烟还要经过我的同意？"

"我吸烟会妨碍到你，当然应该要得到你允许。"她一副理所当然的样子。在小林点头之后，她才拿起烟，把它点燃。

那天，小林发呆了很久，也想了很久。一个人在自己家里抽烟，还要温文儒雅地征求清洁工的同意，真是匪夷所思！更何况这位清洁工还不是本地人，根本不可能会有什么沽名钓誉的嫌疑。

小林不得不承认，在她征询他同意的那一刻，他是相当高兴的。尽管他当时只是一个清洁工，还可以和主人平起平坐，有自己不被侵害的权利；因为尊重，他并不比任何人矮一截。

还是那句老话："人必重人而后人重之。"

如果想要得到别人的礼遇，先问问你自己付出了多少。你不比任何人矮一截，同样的，也没有任何人比你矮一截。

所以，我们要学习打从心底去尊重别人。这话不只是要说给别人听，更重要的，是要说给自己听。

给别人留一条后路

"面子"在中国人心目中可谓是一件大事，士可杀不可辱，侮辱别人是何等沉重的一条大罪？但是，当对方"自取其辱"时，你要如何保全对方的颜面，又设法达到自己的目的呢？

一次，郑武公设宴款待来自各国的使者，餐桌上摆着精致绝伦、刻着九条龙的酒杯供各国使者使用。每位使者把玩欣赏自己面前的九龙杯，都对上面精细的刻功赞不绝口。

宴会结束时，一个眼尖的侍卫看到胡国的使者竟然趁别人不注意时偷偷拿了一个九龙杯藏到自己的袋子里。

他把这件事报告了大将军，但大将军担心直接向胡国使者要回杯子会使对方恼羞成怒，因此迟迟不敢有所动作，打算先请示郑武公的意见。

郑武公左思右想，到底要怎么样才能顺利地取回这个九龙杯，又让大家都和和气气的，不伤感情呢？

"啊，我有办法了！晚宴后不是安排民俗技艺给远道而来的贵宾们欣赏吗？我们就加一场魔术表演，让各国使者开开眼界。"郑武公的算盘已经打好，拈着胡子，一副胸有成竹的样子。

吃饱喝足以后，魔术表演正式登场，魔术师将三个九龙杯用黑布盖起来，接着拿了个道具，神秘兮兮地对着黑布比划一下，等到黑布被掀开时，三个九龙杯竟然只剩下两个。

在众人鼓掌欢呼时，魔术师向观众表示，其中那个凭空消失的杯子被他变到台下观众那里了。然后，魔术师缓缓地走向胡国使者，彬彬有礼地请他打开袋子，把袋子里的九龙杯拿回台上。

胡国使者虽然吃了闷亏，不过碍于情面，还必须配合大家为这个精彩的魔术表演拍手叫好呢！

虽然郑武公坏了胡国使者的好事，但是却在达到双赢的前提下保全了胡国使者的面子。如果郑武公当众揭穿胡国使者令人不齿的行为，即使最后取回九龙杯，也不免有小题大做的嫌疑，甚至引来吝啬小气的批评，就算有理，也是得不偿失。

记住，多了个朋友就等于少了个敌人，给对方留条后路，也就等于给自己留条后路；冲动地撕破脸固然大快人心，但是，撕破脸之后呢？有时你也冲动地断送了自己的后路。

我们不主张对他人包庇，但从另一个角度来说，对待身边的人出现的错误或异常情况，切忌主观臆断，一定要深入调查，查明原委，再对症下药。

某中学曾经有位学生上学经常迟到，上课铃声响过才到教室，而且喜欢参与打架。同学们对他十分不满，任课教师也大为光火，班主任忍无可忍，上报学校要将他开除。但校长并不同意，而是要教务主任调查情况。通过调查，了解到他在初中时，老师称他为"老油条""草包""笨猪"，同学也不大去理睬他；还了解到他父母离异，判给爸爸，而爸爸又再娶了一个老婆，还生了一个小弟弟。这样的家庭导致他从小无人管，没有享受家庭的温暖和父母的关爱，因而就产生了破罐子破摔的念头，对周围的一切都漠然置之。因此学校还特地为他召开了一次题为"自信、自爱、奋发图强"的主题班会，特意安排他多参加集体活动表现自己。这样，使他体会到了集体的温暖，自身的价值，从而改掉了身上的不良习气。

关键是你不能钻牛角尖，老往坏处想"这个人太讨厌了"或"我非得教训他一顿不可"，这样会使你更加愤怒而气上加气、不能自拔。

得饶人处且饶人

英国作家哈兹里特曾经说道："在所有情况下，凡是我们对某种事物表示出极大蔑视的时候，那正清楚地说明了，我们是感到与它们处在十分接近的地位上。"

因此，面对我们讨厌的人，只需消遣几句就行了，不必在言语上或行为上和他们进行无谓的争斗。

法国哲学家伏尔泰天生伶牙俐齿，喜欢讥讽同时代的社会名流。

有一天，他和一位朋友闲聊时，却十分难得地，将一位试图与他一较长短的同辈作家大大地赞扬一番。

他的朋友听完之后十分不以为然地说："难得你这么慷慨大方地称赞这位作家，可是他却经常在背后说你坏话，还到处对别人说你是个不学无术的骗子、阴狠歹毒的伪君子。"

伏尔泰听完，不以为意地笑着说："其实这没什么，你知道，我们两个人一向都喜欢说反话！"

在竞争激烈的现代社会中，不少人由于各种各样的原因而与人争斗，有些人一陷入争斗的旋涡便不能自拔，为了利益或为了面子硬要争得你死我活。

有这种倾向的人，一旦自己在法理上占了上风，更是得理不饶人。

必须谨记"得饶人处且饶人"的道理，适时放对方一马，让他顺着台阶下，别弄得对方太没面子。

其实，原谅敌人并不是很难做到，如果你能做到这一点，你在朋友之中的声誉，无形中会提升许多，日后绝对会大有好处。

人与人之间的相处，难免有意见不合的时候，难免会发生纠纷和争执。

我们总是会认为别人错、自己对，总是忍不住想问别人："为什么你就是不懂我的心？"

我们总是容易责怪别人，总是认为别人不能设身处地站在我们的立场想想看，但却很少想到自己有没有宽容地"设身处地"为别人想过。

"设身处地"说来简单，做起来却很困难，因为我们是凡人，本来就容易受到情绪引导。

但是，所谓"初念浅，转念深"，有时候，在行动之前，先转念思考一下，或许能让我们对事情有不一样的判断，继而能冷却心中的怒火，以平和有效的方法来解决问题。

西方有一句谚语："世界上最广阔的是海洋，比海洋更大的是天空，比天空更广阔的是人的胸怀。"

不管是身体上的伤害或是心灵上的创伤，都一定会让人感到痛苦，但是如果坚持互相仇恨，相互报复，只会让伤口永远无法愈合，永远血淋淋、令人痛楚，冤冤相报何时了？

法国哲学家伏尔泰曾经因为讥讽摄政王奥尔良公爵而被关进巴士底监狱，时间长达 11 个月之久。

在狱中吃尽苦头的伏尔泰出狱后，深知摄政王冒犯不得，否则以后还会遭殃，于是专程前去请求他宽恕，不计前嫌。

摄政王深知伏尔泰拥有广泛的社会影响力，也急于笼络他，因此，两人见面之后，彼此说了许多感激、抱歉之类的客套话。

最后，伏尔泰向奥尔良公爵表达谢意，幽默地说："陛下，您真是乐于助人，解决了我长达 11 个月的食宿问题。不过，从今以后，您就不必再为了这些琐事替我操心了。"

奥尔良公爵听了之后哈哈大笑，从此再也没找过伏尔泰的麻烦。

当你和朋友之间有了芥蒂，由朋友翻脸成了冤家时，这种关系该如何处理？是随时准备火力进攻，还是退一步海阔天空呢？

正确的方式是保持风度，原谅你的仇人。

人与动物的不同之处在于，动物的一切行动都依照本性而发，完全属于自然反应；但是，人的行动会通过大脑的思考，并依照当时的心理需要，然后才做出各种不同的选择。

原谅仇人是很困难的一件事。

绝大部分人碰到仇人就会分外眼红，恨不得置他于死地。即使不到那种强烈憎恶的程度，或环境条件不允许将对方彻底消灭，也肯定会采取"老死不相往来"的冷淡态度。

因此，能够原谅仇人的人，胸襟和气度无疑达到了至高的境界。

原谅仇人的好处在于，可以使你在日常生活中掌控自己，情绪不致随着对方的举动而起伏。

其实，以幽默的态度原谅你的仇人，既可降低对方对你的敌意，亦可缓和你对对方的敌意，何乐而不为？

宽容是一种美德，一种修养，也是人生的真谛之一。

容人之功，很难；容人之过，更难。

因为我们对爱和恨的执着，让我们的心没有办法摆脱桎梏，被情绪束缚得牢牢的心，的确很难宽容起来。

只是，若我们不去尝试，不学会放下，不想拥有一颗宽容的心，我们便会被迫永远沉浸在痛苦之中。

第**2**章
掌握游刃有余的沟通方式

　　发展正确的沟通观念才能有益地帮助强化自己的沟通，让我们与周围的人们相处时游刃有余。当然，要发展正确的沟通观念实际就是一个认识自我、改造自我、完善自我的问题，也就是加强自我修养的问题。

掌握正确的言语沟通方法

言语沟通建立在语言文字的基础上，又可细分为口头沟通和书面沟通两种形式。人们之间最常见的交流方式是交谈，也就是口头沟通。常见的口头沟通包括演说、正式的一对一讨论或小组讨论、非正式的讨论以及传闻或小道消息传播。书面沟通包括备忘录、信件、组织内发行的期刊、布告栏及其他任何传递书面文字或符号的手段。

其中，口头信息沟通方式十分灵活多样，它既可以是两人间的娓娓深谈，也可以是群体中的雄辩舌战；既可以是正式的磋商，也可以是非正式的聊天；既可以是有备而来，也可以是即兴发挥。口头信息沟通是所有沟通形式中最直接的方式。它的优点是快速传递和即时反馈。在这种方式下，信息可以在最短时间内被传送，并在最短时间内得到对方回复。如果接受者对信息有疑问，迅速地反馈可使发送者及时检查其中不够明确的地方并进行改正。此外，上级同下属会晤可使下属感到被尊重、受重视。《三国演义》中的刘备三顾茅庐，充分表现了自己求贤若渴、礼贤下士的诚恳态度，才终于请出了卧龙先生诸葛亮。

但是，口头信息沟通也有缺陷。信息从发送者一段段接力式传送过程中，存在着巨大的失真的可能性。每个人都以自己的偏好增删信息，以自己的方式诠释信息，当信息经长途跋涉到达终点时，其内容往往与最初的含义存在重大偏差。如果组织中的重要决策通过口头方式，沿着权力等级链上下传递，则信息失真可能性相当大。

而且，这种沟通方式并不是总能省时，官僚主义作风常常制造出许多毫无价值的马拉松式的会议，正如那些参加了毫无结果，甚至也不需要结果的会议的主管所了解的那样，按照时间与费用而论，这些会议代价很大。

而书面信息沟通具有一系列的优点。

首先，书面记录具有有形展示、长期保存、法律保护依据等优点。一般情况下，发送者与接受者双方都拥有沟通记录，沟通的信息可以长期保存下去，便于事后查询。一个新产品的市场推广计划可能需要好几个月的大量工作，以书面的方式记录下来，可以使计划的构思者在整个计划的实施过程中有一个依据。其次，书面沟通显得更加周密，逻辑性强，条理清楚。书面语言在正式发表之前能够反复修改，直至作者满意。作者所欲表达的信息能被充分、完整地表达出来，减少了情绪、他人观点等因素对信息传达的影响。其三，书面沟通的内容易于复制、传播，十分有利于大规模传播。

当然，书面沟通也有自己的缺陷。首先，相对于口头沟通而言，书面沟通耗费时间较长。同等时间的交流，口头比书面所传达的信息要多得多。

此外，书面沟通缺乏内在的反馈机制，不能及时提供信息反馈，其结果是无法确保所发出的信息能否被接收到，即使接收到，也无法确保接受者对信息的解释正好是发送者的本意。发送者往往要花费很长的时间来了解信息是否已被接收并被准确地理解。

发挥非言语沟通的技巧

非言语沟通是指通过某些媒介而不是讲话或文字来传递信息。

例如：一位作风专断的主管一面拍桌子，一面宣称从现在开始实施参与式管理，听众都会觉得言辞并非这位主管的本意。在礼节性拜访中，主人一边说"热烈欢迎",一边不停地看手表,客人便该知道起身告辞的时间已到。事实上,在言语只是一种烟幕的时候,非言语的信息往往能够非常有力地传达"真正的本质"。扬扬眉毛、有力地耸耸肩头、突然离去,能够交流许多具有价值的信息。激动人心的会议备忘录(甚至一字不漏的正式文件)使人读起来十分枯燥,因为它们抽去了非言语的线索。美国心理学家艾伯特·梅拉比安经过研究认为:在人们的沟通里所发送的全部信息中仅有 7% 是由言语来表达的,而 93% 的信息是由非言语来表达的。

非言语沟通内涵十分丰富,熟为人知的领域是身体语言沟通、副语言沟通、物体的操纵等。

身体语言沟通是通过动态无声性的目光、表情、手势语言等身体运动或者是静态无声的身体姿势、空间距离及衣着打扮等形式来实现沟通。早在两千多年前,伟大的古希腊哲学家苏格拉底即观察到了身体语言沟通现象,他指出"高贵和尊严,自卑和好强,精明和机敏,傲慢和粗俗,都能从静止或者运动的面部表情和身体姿势上反映出来"。

人们首先可以借由面部表情、手部动作等身体姿态来传达诸如攻击、恐惧、腼腆、傲慢、愉快、愤怒等情绪或意图。举例而言,在你一日最忙碌的时刻里,有位职员来造访,讨论一个问题。你和他把问题解决之后,这位职员却站着不走,并把话题转向社会时事。在你的内心里,很希望立即终止这个讨论而去继续工作,可是在表面上,你却很礼貌、专注地听着,然后,你把椅子往前挪了一下,并坐直了身子且整理你桌上的公文。不管这举动是潜意识的抑或故意的,它们都刻画出你的感觉并暗示这位职员"该是离开的时候了",除非这位职员没有感觉或太专注于自己的话题,否则谈话很可能因彼此间的默契而获得结束。

人与人之间的空间位置关系,也会直接影响个人之间的沟通过程。这一点不仅为大量生活中的事实所说明，严格的社会心理学实验也证明了这一点。国外有关研究证实，学生对于课堂讨论的参与直接受到学生座位的影响。在倾向上，以教师讲台为中心，座位越居中心位置，学生对于课堂讨论的参与比例也越大。沟通中空间位置的不同，还直接导致沟通者具有不同的沟通影响力，有些位置对沟通的影响力较大，有些位置影响力较小。例如，同一种发言，站到讲台上讲，与在台下自由发言所引起的作用是不同的，高高的讲台本身具有某种权威性。

沟通者的服饰往往也扮演着信息发送源的角色。例如，美国前总统克林顿就十分注意在不同场合穿不同的服饰。在外交场合，克林顿穿笔挺的深色西服，扎深色领带；而在会见选民时，他则穿浅色的休闲服，以显示亲民色彩。

副语言沟通是通过非语词的声音，如重音、声调的变化、哭、笑或者停顿等来实现的。心理学家称非语词的声音信号为副语言。最新的心理学研究成果揭示，副语言在沟通过程中起着十分重要的作用。一句话的含义往往不仅决定于其字面的意义，而且决定于它的弦外之音。语音表达方式的变化，尤其是语调的变化，可以使字面相同的一句话具有完全不同的含义。比如一句简单的口头语，"真棒"，当音调较低，语气肯定时，"真棒"表示由衷的赞赏。而当音调升高，语气抑扬，说成"真棒啊"时，则完全变成了刻薄的讥讽和幸灾乐祸。

物体的操纵是人们通过物体的运用和环境布置等手段进行的非言语沟通。例如，历代中国皇帝通过威严神圣的皇宫建筑和以"龙文化"为特征的日常器具来显示自己是"真龙天子"，而别的世界各大宗派则纷纷凭借自己独具匠心的建筑风格和宗教仪式来向世人昭示自己的教义。在中国古代，如果主人在会客时端起茶杯却并不去喝茶，便是在暗示送客的时间到了。在今天的企业中，也会经常看到下面的场景：

一位车间主任在和工长讲话时心不在焉地拾起一小块碎砖，他刚一离开，工长就命令全体员工加班半小时，清理车间卫生。实际上车间主任并未提到关于清理卫生的任何一个字。

避免语言成为沟通的麻烦

我们知道语言是最重要的沟通工具。但语言又是一种极复杂的工具，掌握运用语言的能力绝不是一件轻而易举的事。由于语言方面的原因而引起的沟通麻烦到处可见。

1. 语音差异造成隔阂

中国地域辽阔，是个多民族的大家庭，许多民族有自己独特的民族语言，不同民族间的交流便存在语言障碍。此外，现代汉语又可分北方话、吴语、湘语、赣语、客家话、闽北话、闽南话、粤语等八大方言区。而每个地区方言还可分出大体上近似的一些地方方言。如闽南话又有厦门话、漳州话、泉州话之分。四川话"鞋子"，在北方人听来颇像"孩子"；广东人说"郊区"，北方人常常听成"娇妻"，等等，类似的笑话很多。

2. 语义不明造成歧义

语义不明，就不能正确表达思想，不能成功地沟通。例如，某学生给学校领导写信："新学期以来，张老师对自己十分关心，一有进步就表扬自己。"校领导感到纳闷，这究竟是一封表扬信还是一封批评信？因为"自己"一词不知是指"老师自己"还是"学生自己"？幸好该校领导作风扎实，马上进行询问调查，才弄清这是一封表扬信，其中的"自己"乃是学生本人。

不要让习俗成为沟通的障碍

习俗即风俗习惯，是在一定文化历史背景下形成的具有固定特点的调整人际关系的社会因素，如道德习惯、礼节审美传统等。习俗世代相传，是经长期重复出现而约定俗成的习惯，虽然不具有法一般的强制力，但通过家族、邻里、亲朋的舆论监督，往往迫使人们入乡随俗，即使圣贤也概莫能外。忽视习俗因素而遭致沟通失败的事例屡见不鲜。

1. 不同的礼节习俗带来的误解

例如，一位保加利亚籍的主妇招待美籍丈夫的朋友吃晚饭。在保加利亚，如果女主人没让客人吃饱，那是件很丢脸的事。因此，当客人吃完盘里的食品之后，这位主妇照例要为客人再添一盘。客人里正巧有一位亚洲留学生。在他的国度里，宁可撑死也不能以吃不下去来侮辱女主人。于是，他接受了第二盘，紧接着是艰难的第三盘。女主人忧心忡忡地准备了第四盘。结果，在吃这一盘的时候，那位亚洲留学生竟撑得摔倒在地上。

2. 不同的审美习惯带来的冲突

例如，一位英国男青年邀一位中国女青年出游。为了取悦女友，他特地买了一束洁白的菊花带到她家，不料女青年的父亲一见便勃然大怒，结果他被轰了出去，却不知道祸因所在。在英国男青年看来，白色象征纯洁无瑕，他选择白色的花完全是一片好意，他压根也不会想到，在中国，白菊花是吊唁死者用的，中国父亲认为，那是在诅咒他短寿，当然是不能容忍的。

3. 不同的时空习俗带来的麻烦

例如，北美人与拉丁美洲人在交谈时就有不同的空间要求。在北美洲，如果谈话内容是业务联系，那么，双方之间的合适距离大约是 2 英尺。这种距离在鸡尾酒会那样的社交场合会缩短，但任何时候，如果近到 8 ~ 10 英寸，就会使北美人感觉不舒服。而对拉丁美洲人来说，2 英尺距离显得太冷淡、太不友好了。于是，他会主动接近谈话对象，甚至无视北美人设置的"禁区"。拉丁美洲人如果把身子探过桌子与北美人交谈，这样的空间处理方式常常会引起紧张。

再如，北美人与拉丁美洲人对交谈的时间的要求也不同。拉美人不习惯太严格的准时约会，如果是某种原因让对方久等了，他们一般不认为有认真解释的必要，只是略带表示一下歉意就心安理得了。而北美人则把迟到看作是靠不住的表现。

正确扮演沟通中的角色

"角色"一词按其原意是指在戏剧舞台上依剧本所扮演的某一特定人物的专门用语。引进社会学中，是指每个人作为社会一分子，在社会大舞台上都扮演着角色，都得按照社会对这些角色的期待和要求，服从社会行为规范。如果缺乏明智性或陷入盲目性，人们由于扮演不同的社会角色，便会因缺少共同语言而引起沟通困难。

社会地位不同的人通常具有不同的意识、价值观念和道德标准，从而造成沟通困难。不同阶级的成员，对同一信息会有截然不同甚至相反的认识。政治差别、宗教差别、职业差别等，也都可成为沟通障碍。不同党派的成员对同一政治事件往往持有不同的看法；不同宗教或教派的信徒，其观点和信仰迥异；职业的不同常常造成沟通的鸿沟——"隔行如隔山"；年龄也会构成沟通障碍，就是常说的"代沟"。

摆脱心理因素对沟通的影响

现实的沟通活动还常为人的认知、情感、态度等心理因素所左右，有些心理状态常对社会沟通造成障碍。

1. 认知不当导致沟通障碍

（1）第一印象。第一印象是指在人际交往中给人留下的印象特别深刻，以后要改变这些印象往往不太容易。这种现象显然是不利于人际关系的。因为我们认识、了解一个人不是通过一次、两次交往就能完成的，而第一印象又容易限制我们对人的进一步了解。有的人可能给人的第一印象不太好，但进一步交往之后，则会感觉大不一样；有些人给人的第一印象特别好，而以后也许这种印象会逐渐淡漠下去。"路遥知马力，日久见人心"的古训是有一定道理的。在人际交往中，要注意克服第一印象的影响。

（2）近因效应。近因效应是指在与他人沟通时，对初识者形成印象，所依据的材料往往在时间上有一定间隔，因而，材料出现的次序对于形象形成的作用不一样。人们更倾向于根据最新的材料形成印象。

（3）晕轮效应。晕轮效应是指人们对他人的知觉容易产生偏差倾向。当一个人对另一个人的某些主要品质形成印象以后，那么这个人的一切便被认为很不错。这就像月亮周围的大光环是月亮的扩大一样，所以称为晕轮效应。

（4）定势效应。定势效应是指在人们头脑中存在的关于某一类人的固定形象。当我们认识他人时，常常会有一种有准备的心理状态，按照事物的外部特征对他们进行归类，从而产生定势效应。

（5）社会刻板效应。刻板印象，是在人际交往中对某一类人进行简单的概括归类所形成的不正确的印象。比如说英国人保守，美国人不拘小节，犹太人会做生意，等等。刻板印象使人们在无形之中戴上了有色眼镜。人们总是不自觉地将人概括分类，比如说到南方人，人们心目中总有一个印象；说到北方人，又会出现另一个概括化的印象。虽然就总体来讲，南方人与北方人在某些方面（风俗习惯、风土人情以及性格特点等）是存在一些差别，但是如果以这种概括化的印象对待具体的人则是完全错误的。而我们的人际交往正好是具体的人与人之间的交往，因此必须防止刻板印象的影响。

2. 情感失控导致沟通障碍

人总是带着某种情感状态参加沟通活动的。在某些情感状态下，人们容易吸收外界的信息。而在另一些情感状态下，信息就很难输送进去。如果不能有效地驾驭情感，就会有碍正常的沟通。

例如，不能摆脱心情压抑状态的人大多数表现出孤僻和不愿与人交往的倾向，在公共场合很少说话，对别人的话不感兴趣，对某些信息甚至有厌恶感。又如，感情冲动时往往不易听进不同意见。再如，情绪偏颇，像骄傲情绪、急躁情绪等也束缚沟通。

3. 态度失当导致沟通障碍

态度是人对某种对象的相对稳定的心理倾向。除认知成分、情感成分外，态度还包括行为成分。凡以恰当的认知、健康的情感支配行为的心理倾向，就是科学的态度。反之，则是非科学的不端正的态度。态度不正确，也不能有理想的沟通效果。例如，迷信权威会带来沟通判断失误；爱面子也会造成判断失误。

不断强化正确的沟通观念

发展正确的沟通观念才能有益地帮助强化自己的沟通力。

每一个人都希望自己与周围人们的关系是和谐融洽的，虽然良好的人际关系的产生和建立取决于交往双方，但一个人是否被他人所接受，关键在于自己的形象如何。这就有一个认识自我、改造自我、完善自我的问题，也就是加强自我修养的问题。

1. 要树立正确的人生观与世界观

这是能够正确处理个人与集体、个人与社会的关系，正确分析和解决人与人之间的矛盾，搞好人际关系的前提。一个自私自利、个人主义严重的人是不会搞好关系的。

2. 要重视个性锻炼

心胸开阔和热情开朗是管理者搞好关系的心理条件。培养良好的个性，一定要做到自尊、自重、自信、自强、自立。自尊之心人皆有之，特别是每个人都希望别人尊重自己。然而要想别人尊重你，你首先要尊重别人，这样才会赢得别人对自己的尊重，不尊重别人，别人也不会尊重你。

3. 要正确地评价自己

这是搞好关系的关键。"人贵有自知之明"就是这个道理。因为要建立良好的人际关系，仅仅了解别人是不够的，还要了解自己。"以人为镜"，从他人的态度中，通过与他人的比较来不断地体察自己的内在本质，并作出正确的评价，从而不断改造、完善、优化自己的形象。特别是要自觉地调整自己的意识和行为，控制自己不利于搞好关系的动机和行为，从而获得别人的接纳，建立良好的关系。

做一个善于与人相处的人

沟通是双方交往的过程，人际沟通越好，朋友越多，相处的时间越长，相互间也越觉得欢乐、温暖、友好。如果交往只是一厢情愿，那么往往是不会建立良好关系的，因此必须解决如何与人相处的问题。

1. 严于律己就是严格要求自己

在学习和工作上有高的标准，决不苟且马虎、得过且过；在生活上以艰苦朴素为荣，以奢侈浪费为耻；对自己的缺点毛病有真诚和严格的自我批评精神。宽以待人就是对别人的工作或学习不提不切实际的要求，不强人所难；对别人的缺点或不足，在热心帮助的同时，要有耐心等待、宽厚和谅解的态度；在对待荣誉、地位、物质利益等问题上，有吃亏让人、抢困难让方便的风格等。待人宽、责己严的本身就从不同方面反映了做人的风尚和胸怀。当然，责己严不应超出实际的可能，待人宽也不能失去原则。真正在与人相处中做到严于律己，宽以待人的人，其人际沟通一定会搞好。

2. 聪明而不流于圆滑

世上的人分为大聪明和小聪明。前者是在正直、善良、真诚、老实的基础上的真聪明，后者则以邪念、奸巧、滑头为特点的假聪明，人们习惯称之为"油滑"。聪明的人公正无私，油滑的人见利忘义，在与人相处中切记不可耍小聪明。

3. 勇敢而不失于鲁莽

勇敢者敢于斗争，敢于进取；鲁莽者则单凭主观臆断不顾后果。与人沟通中后者是不受欢迎的，也是一事无成的。

4. 豪爽而不落于粗俗

为人坦率、豪放、不斤斤计较，是一种美德。而庸俗、粗野、失礼是缺乏修养。

与人相处时，豪爽而不粗俗的风度才会受到欢迎。

5. 热情而不趋于虚伪

真诚者，以诚待人，真心实意。虚伪者则口蜜腹剑，台上握手，台下踢脚。与人沟通无诚意是不会建立起好的关系的。

增加你的"感情投资"

感情投资，就是在加深人与人之间的感情方面下功夫、花"本钱"。中国人注重人情，人情是密切人际关系的重要手段，感情投资，也就是利用人情的手段来强化人与人之间的感情联系，使双方的关系得以巩固和加强。

1. 真诚地、实事求是地肯定和赞扬人

这是感情投资的一个重要方面和途径。真诚地肯定和赞扬人，会使人觉得他认真对待工作，他为工作所付出的努力与取得的成绩或者他的为人得到理解、承认和赞许，从而感到遇到了知音，得到了温暖。即使双方本来交往并不密切，也会一下子从心理上使双方的距离靠近，使双方的关系变得亲切和谐起来。关系亲和了，遇到矛盾就容易解决，事情也就好办了。

2. 热情地关怀人

将真挚的感情注入人的心灵中，这是感情投资的主要方向和内容。人际间的感情交流总是双向的，热忱地关怀别人，给人以真挚的爱，就能唤起被爱者对自己同样诚挚的爱。

通过关心人来改善人际关系，已经受到西方企业界的重视，被有效地运用于企业管理。在这方面，日本企业做得尤为突出。虽然日本企业中没有专职的思想工作人员，但实际上各层次的管理人员集业务工作与思想工作于一身，这些人一般都清楚了解每一个部下的家庭和思想情况，遇到职工有困难时他们都会主动去当"参谋"。他们宛若"大家庭"中的"长辈"，对员工的管理富有"人情味"。

多从对方的立场考虑问题

善于牺牲自我利益是人们自我修养的一种高超境界，一般很难达到。但对管理者为了提高自己的管理沟通能力，在这方面加强自己的锻炼是必要的。

1. 善于牺牲自我利益

表现在不斤斤计较个人利益，在必要的时候要敢于放弃自己的利益。如果把个人在精神方面的满足也视为利益的话，它还包括严于律己宽以待人，为了别人的需要，有时甚至主动地牺牲个人利益。善于牺牲自我利益的人总是受别人的欢迎和爱护。比如，两人之间闹了矛盾、生了别扭，如果有一方能够忍让并主动和解，这种宽容忍让的品质也是善于牺牲自我利益的表现，久而久之，这种优良的品性必会受到众人的喜欢。

2. 给人以宣泄怨愤的机会

包括对自己的怨恨，这是一种博大的气度与胸怀，也是牺牲自我利益的表现。管理者在管理过程中应该尽量让自己的属下充分地表达自己的情绪和意见。松下公司曾经设立了一个橡皮制成的总经理人像，如果员工对上级有了意见，可以拿起大棒来打"总经理"，边打边发泄自己的牢骚和怨气。待员工怒气平息之后，员工便可以到隔壁房间去，那里有专门的管理人员来听取员工的意见和建议。

3. 以长远的整体利益为出发点

真正懂得并善于牺牲自我利益的人都很清楚：短暂的眼前的利益损失有

可能换来更大的利益获得。管理者应该以长远的整体利益为出发点，抱着"牺牲一点自我利益没什么关系"的处事态度，这样必然会有助于建立更广泛更稳固的关系网。

4. 多从对方的立场看问题

多从对方的立场考虑问题是理解人尊重人的重要技巧，人们考虑问题和事情大多以自我为出发点，但由于人们的价值观、态度、愿望及所处的时间、空间和其他条件不尽相同，对同一件事情的看法可能会有很大的差异，因此，人们在相互交往过程中，难免会在思想上分歧，为了更好地理解人、帮助人和关心人，凡事跟别人"调个位置"看看，必能增进了解和支持。在人际关系网的建立和维护中，即使双方发生了矛盾和分歧，也能通过这种换位思考的方式迅速化解和消除矛盾，进而重归于好。

正确对待几种特殊人物

在人际关系网的建立过程中，几种特殊人物，如和自己闹对立的人，很有才能的人，自己的下级、亲属等，对自己关系网的建立和扩大影响甚大，管理者如果能正确处理同这几种特殊人物的关系，与其他人之间的关系也就很容易处理了。

1. 正确对待下级

正确对待下级，首先要尊重下级。一般来说，人们尊重上级比较容易做到，可尊重下级并不是人人都能做得到。而这个往往被人们忽视的尊重下级的问题，恰恰是最不容忽视的。其次，不尊重下级，不礼贤下士，即使得了才，也不能使之尽心尽力。再次，不尊重下级，不礼贤下士，必然调动不了广大群众的积极性。正确对待下级，还必须注意，当工作上一旦出现了问题，发生了失误时，管理者要首先承担责任。

2. 正确对待亲者

一般来说，领导者都有与自己关系最密切、情感最亲密的朋友、同事和亲属，这就是"亲者"。亲者当然是与自己最"谈得拢""合得来"，自己最信任的人。但作为企业的领导人、管理者，必须对亲者进行合适的心理调整，要对亲者保持一定的距离。对本企业人才的任用和选拔，不能受个人情感的影响，要任人唯贤，不可任人唯亲。

3. 正确对待与自己闹对立的人

一方面，尽量避免与他们的冲突和纷争，非原则问题的小事情上可以多忍让。另一方面，应该把他们的反对意见看作是自己在事业上取胜的条件。一般来说，与自己闹对立的人数不会太多，但他们往往代表着一部分人的想法与观点，因此，能否慎重地处理好与他们之间的关系，往往关系到能否团结一批人的问题，多原谅对方的缺点和错误，是管理者应该坚持的原则。

4. 正确对待有缺点错误的人

人人都免不了有缺点错误，金无足赤，人无完人，人非圣贤，孰能无过？要求人十全十美，一点缺点都没有，一点错误都不犯，这是不现实的。如果我们的眼睛老是盯着人家的缺点和错误，光算人家犯过错误的老账，而不考虑人家已经认识错误、改正错误；只看人家一时一事的失足，而不考察人家的全部历史和全部工作，这都容易形成对人的偏见，妨碍人才的利用，也不利于建立一个和谐宽松的环境。

正确对待有缺点错误的人，一方面要有宽容精神，处处表现出宽容大度的胸怀；另一方面还要有谅人之过、扬人之长的胆识，敢于利用在某一方面有突出才能的人。

5.正确对待有才能的人

在当今时代,市场竞争归根结底是知识和人才的竞争。要使企业兴旺发达,企业管理者必须尊重人才、爱才如命,决不可妒忌才能高于自己的人,要敢于任用有才能的人,这一方面有利于提高整体效率,另一方面也有利于管理者建立和巩固自己的沟通力,为自己以后的事业奠定坚实的基础。

不同的场合扮演不同的角色

英国著名的维多利亚女王,与其丈夫相亲相爱,感情和谐。但是维多利亚女王乃是一国之王,成天忙于公务,出入于社交场合,而她的丈夫阿尔伯特却和她相反,对政治不太关心,对社交活动也没有多大的兴趣,因此两人有时也闹些别扭。有一天,维多利亚女王去参加社交活动,而阿尔伯特却没有去,已是夜深了,女王才回到寝宫,只见房门紧闭着。女王走上前去敲门。房内,阿尔伯特问:"谁?"

女王回答:"我是女王。"门没有开,女王再次敲门。

房内的阿尔伯特问:"谁呀?"

女王回答:"维多利亚。"门还是没开。女王徘徊了半晌,又上前敲门。房内的阿尔伯特仍然是问:"谁呀?"

女王温柔地回答:"你的妻子。"这时,门开了,丈夫阿尔伯特伸出热情的双手把女王拉了进去。

作为女王的丈夫阿尔伯特,一开始就知道敲门的人是自己的妻子,他的两次发问实是明知故问。为什么维多利亚前两次敲门都遭到了拒绝叫不开门,而最后一次丈夫开了门并热情相迎呢? 这是由于她的语言没有随场合的变化而变化，女王的心理状态没有随着沟通的环境对象的变化而加以调整，她的语言和她当时所扮演的角色发生严重的冲突而造成的失误。

第一次女王上前敲门回答说"我是女王"，她这种自称，应该在宫殿上运用才适合，这表明沟通双方的关系是君臣关系。而现在是在寝宫之中，面对的是丈夫，所以她这样回答显得态度高傲，咄咄逼人，没有满足作为丈夫的阿尔伯特的自尊心理，因而没有开门。

第二次敲门女王的回答是"维多利亚"，应该承认第二次回答比第一次回答语言的失调程度要轻得多，但是"维多利亚"这个自称在这里是中性的，似乎只是一个冷冰冰的代号，对任何人都可以这样自称，不带任何的感情色彩，态度平淡，没有显现出作为妻子角色的感情色彩，因而效果也不好，唤不起丈夫的亲昵之感，故而也没开门。

第三次敲门女王回答说"我是你的妻子"，体现了作为"妻子"的角色意识，传达出妻子特有的温柔和浓烈的感情色彩，她的心态适应了具体的场合和对象，把沟通双方的角色作了明显的定位，极大地满足了阿尔伯特的自尊心理，于是先前失误的不愉快一扫而光，效果极佳，不仅敲开了房门，也敲开了阿尔伯特的心扉。

同一对象在不同的环境里往往表现为不同的角色，彼此的关系也就跟着变化，这种变化往往是通过说话表示出来，不然就会发生角色错位。同样是维多利亚，在宫殿上是女王，回到寝宫就是妻子，她的语言形式一定要符合自己转换的角色身份。

一位刚刚过门不久的媳妇，下班后回到家里，婆婆将一碗热气腾腾的红烧鲤鱼端了出来说："快吃吧，趁热。"

谁知媳妇把嘴一噘："前天炸鱼，昨天清蒸鱼，今天又是红烧鱼，怎么总是鱼呢？"

婆婆顿时呆立在一旁，她伤心极了，因为儿子曾告诉过她，媳妇爱吃鱼，老太太好心好意变着法子给媳妇做，不但不讨好，反倒引来了不满。其实她不明白，再好吃的东西吃多了也会感到腻味，但我们不应该责怪这位好心的婆婆，这里的问题是媳妇讲的话不好，她忘掉了自己的角色身份。这位平时娇生惯养的女同志，跟妈妈说话一贯如此，做母亲的对女儿说话轻重不会计较。这话如果也出自女儿角色之口，妈妈听了也许还乐呵呵地说："哟，吃三顿鱼就腻了？亏你还爱吃鱼。好，明儿咱们做别的，今天就将就吃吧。"可是这话出自一位媳妇的角色，还是过门不久的媳妇之口，除了引起婆婆的黯然神伤之外，还会有什么别的结果呢，这是角色错位造成的恶果。

你扮演什么样的角色，在什么样的场合，就要有什么样的角色语言，然而角色语言也要与个性特征结合起来，才能生动活泼。现实生活中一些领导，说起话来"哼——""啊——"的，角色色彩十足，然而却给人留下不好的印象，其交际效果是很差的。好的角色语言，应该是共性和个性的统一，就是既符合角色身份又具有个人的风格。

第3章
掌握大方得体的沟通方式

我们的沟通技能不是与生俱来的，因此要认真地学习和有意识地训练，只有不断总结经验，了解、掌握并强化沟通技能，我们在与他人沟通的过程中才会大方得体，赢得他人的认可。

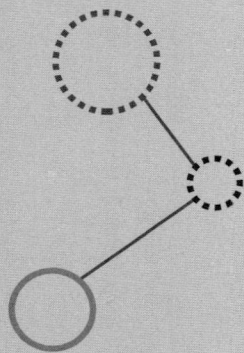

与人沟通就要寻求同步

在实际的沟通中，彼此认同是一种可以直达心灵的技巧，彼此认同又是沟通的动机之一。这样，在认同的态度上，外在技巧和内在动机就结合得比较完美。认同经由同步而来，沟通关系都是从同步开始跨出第一步的。并且，认同的目的几乎就是达到同步，这就形成了一个奇妙的进程：同步 + 认同 + 同步。

毫无疑问，后一个同步是在认同基础上达成的共识和一致行动，相比前一个同步已经产生了质的飞跃。

同步是沟通第一步，应该首先理解。同步就是沟通双方彼此经过协调后所形成的、有意要达到同样目标时所采取的相互呼应、步调一致的态度。它意味着沟通在经过彼此的默许和暗示之后正走在通向顺利的路上。

沟通双方相互从对方的角度看问题时，同步就开始了。于是，彼此都寻找共同点。各种共同点综合起来，沟通的可行性就大了。所以说，要沟通就得寻求同步。

下面介绍一些寻求同步的技巧，但愿这些外在技巧的丰富能配合你的内在动机，使你达到沟通的目的。就像一个练就了好脚法的球员走上球场就能进一两个球一样，胜券在握。

1. 利用呼吸促进沟通

呼吸是最具普遍性的现象。你不可能说与你沟通的人会没有呼吸吧？也就是说没有呼吸是不可能沟通的。那么，能不能利用呼吸促进沟通呢？呼吸是所有人不需寻找就具有的共同点，应该可以促进沟通。怎么用呼吸促进沟通呢？

曾经师从容格学习的心理分析导师皮科·嘉尔曼教授认为："呼吸的同步具有诱导性，它可以诱导沟通者的心灵发生感应，从而使双方步调一致，彼此配合。"

同呼吸的方法有很多种，经各方验证最实用的一种是这样的。首先，选择最合理的空间位置。研究表明双方保持90度角时，最能够感应呼吸，且看到的呼吸最全面。当然，根据环境不同，也可采取正面或者较远处的位置，最极端的是从背面，这一般出现在背靠背的情侣之间，他和她可以通过身体的接触而感应到对方的呼吸。其次，观察彼此的呼吸节奏。男人用腹部呼吸，女人是用胸部呼吸。其三，对方呼气，你也呼气；对方吸气，你也吸气。注意掌握呼吸的轻重缓急。其四，由于说话之时，呼气比较多，你听别人说话时，就得呼气；相反，对方沉默时，就跟上一项一样。其五，自己开口说话时，言词应尽可能配合对方的呼气，吸气则可以稍加忽略。

据研究，这个同呼吸法最适用于在对方感情和情绪变化激烈之时。

2. 保持视线同步

你知道吧？人为什么有两只眼睛？这个问题一问之下，你会觉得好笑，可细想下来，似乎和"先有鸡，还是先有蛋"一样无法回答清楚。既然它是如此纠缠不清的问题，那就抽象一点回答：是造物主为了教导人们视线同步时才能看到全面的问题。这样，我们就从人为什么有两只眼睛这个疑问中找到视线同步这个答案。视线同步在沟通时是非常重要的，几乎所有的教科书都认为："说话时要看着对方的眼睛。"这是追求同步的好方法。

注视别人的眼睛最起码可以暗示对方：彼此的沟通是认真的。当你的视线投注在对方的眼里，对方也会配合你的视线，他人岔开视线时也跟着岔开视线，他人眨眼睛时也跟着眨眼睛。做这些动作时，不要过分专注，要显得自然，尽量让对方相信你只是在朝他的眼睛说话。

彼此的注视互相习惯之后，就可以让注视时间长一些，当彼此感兴趣了，自然就会为沟通铺平道路。当对方注视自己时，应该尽力与对方配合，彼此就会抱有好感。

另外，还要能跟踪对方的视线，随着对方视线的方向而调整自己视线的方向。人们往往能够凭借面对着某一事物时的方向一致而不约而同地感应到共同点。

3. 姿态的共同性

能够在姿态上留心观察是件有趣的事。研究表明，人体常用的姿态不过三十几种，按人类总人口比例来分配，平均十几亿人就共用一个姿态。呀！的确是个惊人的比例。你要明白的是：你每做一个动作，可能就有十几亿人和你有同一个动作的共同点。姿态真是不可忽视的交际沟通手段，而且不可不用。

倾听他人讲话是沟通的必要条件，如果倾听时能够配合姿态动作，他人一定会更有认同感。倾听时，频频点头的动作可以和对方的语言节奏相一致。姿态和动作也渐渐变得相似时，表明沟通正在深入，越深入就会越相似。这方面的铁证就是，老夫妻由于长期配合沟通，在相貌上也会变得酷似。你可以把身体主要部位的姿态和对方保持一致。如果对方小声地说话，你也小声回答。试想你声大如狮吼，别人不吓一跳才怪呢。采取姿态的同步还可保护自己，因为这样可以蒙蔽对方的判断力。研究表明：相似的相貌，相似的身材，很容易成为朋友。

4. 各种速度都要合拍

当你懂得配合对方呼吸、视线、姿态等等同步效应时，沟通就变得容易了。但要沟通变得更容易，还得配合速度，也可以说节奏。沟通时的速度不是竞赛，谁也不是冠军，谁也不是最后一名，大家一起撞线，就算是并列第一吧，各种速度都要合拍。合拍的例子最简单的一个就是别人唱歌时你在旁边打拍子。

最重要的是根据他人说话的速度作出反应，他缓慢地谈吐时，你要缓慢地点头；他说话急速时，你要迅速地做出反应。

还要训练自己的观察力。只有敏锐的观察力才能够和他人的速度随时配合。

学会与人寻找共同的感觉

在沟通的过程中要使沟通双方都有同感。同感就是共同感觉。人其实也是感觉动物，每时每刻都被上千种信号所刺激。但是，这么多信号为什么不会使我们手忙脚乱呢？这是由于人脑的处理功能很卓越，它只挑选最重要的感觉供我们判断。

人的全部感觉被5种器官分享，因而可以分为听觉、视觉、触觉、味觉、嗅觉。其中，只有味觉是由内在器官舌头分享，其他几种是外在的。但是，嗅觉也可以说是内在的，因为鼻子总是端端正正摆在脸上，没什么动感。所以味觉和嗅觉是我们不容易观察的，只有在极其特殊的场合能够有同感。而视觉、听觉、触觉都是容易观察的，所以很容易有动感。每个人在感觉能力上都会有侧重点，其中总有一种感觉比较出色。

一般来说，视觉出色的喜欢看，听觉出色的喜欢听，触觉出色的喜欢动。如此区分之后，你就可以通过观察判断，采取相应的配合措施，从而达到与他人有同感。有了同感就可以更加顺畅地沟通。

善于运用字眼的力量

用对了字眼不仅能打动人心，同时更能带出行动，而行动的结果便展现出另一种人生。

当我们所说的话用对了字眼就能叫人笑、治疗人的心病、带给人希望，然而若是用错了字眼就会使人哭、刺伤人的心、带给人失望。同样地，借着所用的字眼可以让别人了解我们崇高的心志和由衷的愿望。

马克·吐温说："恰当地用字极具威力，每当我们用对了字眼……我们的精神和肉体都会有很大的转变，就在电光石火之间。"

历史上许多伟大人物就是因为善于运用字眼的力量，大大地激励了当时的人们，他们跟随着这些伟大的人物，塑造出今天的世界。的确，用对了字眼不仅能打动人心，同时更能带出行动，而行动的结果更展现出另一种人生。当美国的帕特里克·亨利站在13个州代表之前慷慨激昂地说道："我不知道其他的人要怎么做，但就我而言，不自由毋宁死。"这句话激发了几代美国人的决心，誓要推翻长久以来骑在他们头上的苛政，最终建立了美利坚合众国。

许多人都知道人类的历史就是由那些具有威力的话所写成的，然而很少有人意识到那些伟人所拥有的语言力量也能够在我们的身上找到，这能改变我们的情绪、振奋意志乃至于有胆量敢于面对一切的挑战，使人生过得丰富多彩。

生活中时时选择使用积极性的字眼，最能振奋我们的情绪，反之，若是选择消极的字眼，会使我们自暴自弃。遗憾的是我们经常不留意所用的字眼，以致错失唾手可得的大好机会。因此我们务必要重视使用字眼的重要性，这做起来并不难，只要你能聪明而用心地选择便行了。

我们在跟别人说话时常常用字十分谨慎，然而却不留意自己习惯用的字眼，这些字眼会深深影响我们的情绪，也会影响我们的感受。因此如果我们不能好好掌握怎样用字，如果我们随着以往的习惯继续不加选择地用字，很可能就会扭曲所历经的事实。譬如说当你要形容一件很了不起的成就时，用的字眼是"不错的"成就，那对你的情绪就很难造成兴奋的感觉。这全是因为你用了具有局限性的字眼所致。一个人若是只拥有有限的词汇，那么他就只能体验有限的情绪，反之若是他拥有丰富的词汇，那就犹如手中握着一个可以调出多种颜色的调色盘，可以尽情来挥洒你的人生经验，不仅为别人，更可以为自己。

在此我们再举一个著名的例子，那是发生在美国一家全国性的卡车服务公司的事，他们只不过在送货契约上改了一个字眼就大大地提升了他们的工作品质。那家公司的管理阶层发现他们所送的货物中有万分之六会送错地方，这使得公司每年得额外赔上 25 万美元的损失，为此公司特别聘请了戴明博士去给他们诊疗一番。根据戴明博士的观察，发现这些送错的案子中有五、六成是因为该公司的司机看错送货契约所致。为了能一劳永逸地消除这样的错误，使该公司能提高服务品质，戴明博士建议最好把这些工人或司机的头衔改为技术员。

一开始公司觉得戴明博士的建议有些奇怪，难道把职位头衔改一改就能把问题解决？难道就做这么一个简单的动作便可以了？可是没过多久绩效就出现了，当那些司机的头衔改为技术员之后不到 30 天，先前万分之六的送错率一下子便下降到了万分之一以下，也就是说从此那家公司一年可以节省 25 万美元。

这个例子说明了一个基本的事实，字眼的转换不管是用在个人身上或企业整体上都有相同的效果。

注意沟通时的声调与表情

对外的沟通，是使你的理想被接受，或获得你所想要的东西的一种力量，为的是要影响他人接受你的见解。理想要被别人接受才能实现，否则很难达成。美国有一句名言："你想改变世界，得先改变自己。"这不是要去讨好人家，而是要能接受改变，才有办法适应，进而改变世界。

在对外沟通上，大家可能认为没有问题，而事实上，沟通并不简单，许多的劳资纠纷，政府政策无法推行等问题都是沟通不良所造成的。

其实很多人讲话，内容不是很重要，根据行为学家所做的实验统计指出，内容的重要性只占7%，声调、表情占30%，身体语言占了55%。

善于提出一个明确的指示

电影《业余爱好者》中有这样一幕：当莫扎特的歌剧《费加罗的婚礼》首演结束后，奥地利国王来到幕后表示祝贺。他告诉莫扎特说，这部歌剧很精彩，然而音乐太复杂了——"音调太多了"。

莫扎特反驳说，使用的音调不多不少，正合需要。

国王坚持说"音调太多"。他武断地建议如果减少一些音调，这部歌剧会变得更加伟大。

莫扎特反唇相讥："陛下，我该减少哪些音调呢？"

国王回答不上来。

如果"指示"使接受者不能理解，或者冒犯接受者，或者不能说服接受者，那么"指示"就毫无意义。

可是，现实生活中的人们每天都在错误地发表着毫无真正意义的指示。我们时不时用书面形式或者口头形式向助手传递一些信息，但是我们常常过高估计这些信息的价值。下面列出的是人们在商业活动中经常听到或者发出的"指示"：

"这个意见应该引起足够重视。"

"先不去管它。"

"我们应该卖得更多一些。"

"就这么干。"

"你们应该干得更好一些。"

"你们需要做更多的工作。"

"搞懂了你再回来找我。"

"我们要在这次交易中赚许多钱。"

"你们要弄清楚这个人究竟想要什么。"

"竭尽全力，搞好这个项目。"

"我不明白这件事，你给我说明一下。"

……

这些指示有哪些不适当的地方？上述"指示"的错误在于他们缺少有效指示的基本元素。基本元素应该包括：

1. 明确指示的原因

一条好的指示就像一篇任务说明书，能明确说明特定的目的和原因。如果你叫某人来你办公室（一种最常见的指示），目的不言自明：你想和他面对面地谈话。然而，许多日常指示的原因都不明确，需要给予明确的解释。

　　例如，你对下属说："竭尽全力搞好这份建议书。"这个指示不会给下属留下深刻的印象，只是一条非常含糊不清的指示，并不能促使接受者随后真正行动起来。如果你在这句话前加上一句："这份建议书是这一年中我们送给最重要客户的最重要文件。"那么，这就大大增强了你的指示的重要性。如此一来，你就说明了指示的原因，促使接受指示者必须首先完成这项任务。

　　2. 明确指示何时终止

　　一条好的指示不仅促使接受指示者开始行动，而且明确了何时终止行动。比如某人说"这份方案报告需要你再花些工夫"，就是一条语意不明的指示，因为它没有说明究竟需要花多长时间。从理论上讲，接受指示者可以一直不停地干下去。一条好的指示应该加上一句："当你完成了准确的方案，获得了鲍勃和托德的同意后，再把它交给我看。"

　　3. 明确执行指示采取的方式

　　一条好的指示，一般含有正确的行动手段和程序说明。如果你在公司里说"注意一下这个问题"，或者"先不去管它"，下属职员们不一定总能准确地领会你的意思。大多数人需要你说明他们每一步的工作程序。比如说，当你叫助手给另外一家公司的一名经理打电话时，你应该详细告诉助手打电话的时间，对那名经理的助手怎么说话，他要谈的主题和要回避的主题。奇怪的是，许多管理人员常常忘记或者没有时间说明指示的这些技术性细节。如果你仅仅告诉某人做某事，却没有告诉他怎么做这件事，结果他没有按照你的内心想法去做，就毫不奇怪了。

　　4. 明确指示的时间期限

　　一条好的指示应该明确规定时间期限。"我需要它"，没有"过一会儿我需要它"表达得清楚，而后者又不如"5 点钟以后我需要它"明确。最好的指示总是明确地标出了时间。

5. 明确指示执行的程度

一条好的指示明确规定了你应该做到什么程度，例如，你告诉别人你家的地理位置："过了右边的教堂，离我家刚好一条街的距离。"在商场上，这就意味着明确了什么是你能够接受的，或者什么是你不能够接受的。

例如，你告诉下属说"我们要在这次交易中赚许多钱"，就会引起下属的疑问："许多钱"究竟是多少钱呢？如果你没有告诉下属至少是 5 万美元，那么，当他们心满意足地赚回 2.5 万美元时，你就只能责怪自己了。

不妨给对方施加思维压力

我们为什么从心底更愿意和思路清晰的人打交道？因为我们和思路清晰的人打交道可以省很多力气，思维上的压力较小，不用动多少脑筋就可以顺着他人的思路按惯性滑动，因为他表达的都可以理解。但是，思路清晰的人也会产生压力，他会明显地感觉到他人总是借用自己的脑袋思考问题，他会有很累的感觉。为避免他人的依附，可以用压力法，把压力施加到他们的思维中去。

我们每时每刻感受到的刺激是多种多样的。经过感觉处理后，依旧会有大量互相矛盾的信息困扰我们的思维，造成压力。现在我们要利用它为沟通服务。沟通技巧的运用最终是为了达到目的，也就是减轻压力。

不妨让困扰思维的压力搅昏头脑。当然，在沟通上表现为搅昏对方的头脑，让他人处于判断的两难选择中。这样，他人为了减轻压力，会迅速认同你的选择，让你得以达到目的。处在两难选择时，人的思维混乱就喜欢走捷径。

比如：美国伦德公司经理罗基亚尼有一次对人说："在很多事情上，故意言语矛盾地下命令，可以很好地控制公司职员。"他经常上午下命令，下午又改动命令，让职员摸不着头脑，思维上压力巨大，从而重挫了职员的骄傲自满，他们做起事来唯命是从。但是，他也有被职员施加压力而放弃自己立场的时候。有一次，他要求某个职员加班，职员就做出一副马上要回家的样子，但却认真地工作。他看着那股热情的劲头，头脑产生了混乱，只好让这位职员回家。为什么？他说："你忍心让一个已经准备好要出场的球员热心地帮助边裁到处去拾球吗？他本来可以不加班的。"

现在，比较容易清楚地说明这个搅浑水的技巧，也就是故意自相矛盾，使他人感受到思维压力，让别人对你的判断无法统一。当人感到混乱不堪时，很容易妥协。在你的桌上摆一本毫不相干的与你平日所从事专业相去甚远的著作，轻易就可以让人觉得你捉摸不透。如何中断别人的思绪，这个技巧讲究的也是施加思维压力，用的是中断别人思绪的办法。如同把一条沟渠突然挖断，改变水的流向，让水流到自己的方向上来。人的思绪也好比是一条沟渠，如果突然被中断，应该发生的事没有发生，他人就会陷入落空的茫然中，趁他没来得及想出应对办法而倍感思维压力大的时候立刻提出自己原来不好说出口的事。他人为减轻压力，很容易就顺着你的思绪走，而顺势达到自己的沟通目的。中断法是很容易找到时机的，因为人们很容易产生选择茫然的压力。比如说：在会议中，当主持人正下结论时，你突然打断会议进程，提出自己的建议，你的建议就会更显突出。

与他人展开对话要有原则

在社会的各个层面，都有通过对话达到相互理解的强烈需要，尤以商界为最。商业场合有很多因素，如组织结构优化、企业战略联盟、激发员工主观能动性、以客户为中心，等等，汇集在一起，就强化了对话的必要。

对话是一种很严格的讨论方式，对参与者有严格的纪律要求。如果不遵守这些纪律，就无法从成功的对话中获益。如果开展很有技巧性的对话，结果可能非同一般：它会消除长期的偏见，克服不信任，取得全新认识，发现新的共同点，增强群体的凝聚力，等等。

对话是相互平等，互不强求。真正的对话中不存在对话各方的较劲，不存在级别高低的影响，观点不同也不会有丝毫的惩罚，总之没有任何形式的强人所难。对话和一般的讨论之所以截然不同，在于以下 3 个鲜明特征。

1. 相互平等

对话之所以是对话，正在于对话各方已经建立了信任，位置高的人也放下架子，平等地进行交流。在形成了相互坦诚的心态后，各方才能以平等的身份，推心置腹地展开交流。

2. 推己及人，认真倾听

推己及人是一种通晓他人思想感情的能力，在对话中不可或缺。讨论中的参与者可以不产生共鸣，但这只不过是讨论而已，算不上对话。人们发觉，表达自己的思想容易，设身处地地回应他人的不同观点却困难。因此，讨论比对话更加常见。

3. 摆明观点，开诚布公

谈话中别人可能会向你奉若神明的观念发起冲击，要想在对方提出敏感话题后还能稳若泰山、不急不躁、坦然应答，确实需要练习，需要把握分寸。在对话中，人们可以互相摆出观点，对其展开有效讨论。

以上 3 个特征，缺乏任意一个或者一个以上，对话就会变成一般的讨论，或者其他形式的交流。

与人对话要避免易犯的错误

对话者经常会犯一些错误，而正是因为这些错误的存在，对话之路充满了艰难。但是，倘若你能够及时发觉这些错误，学会减轻其影响，那么你就会感觉轻松。

1. 顾虑重重

人们有所顾虑的原因千差万别，最普遍的原因是未能建立信任。因为对话的形式相当开放，中间涉及到一些自我暴露的问题。一旦人们感觉到对话者中存在丝毫的敌意，或者感觉到有可能出现难堪，人们就会产生顾虑。

在一些较为深刻的话题上，人们更容易接受同个人经历和记忆相关联的交流。如能激发这种感觉，则有助于直接切入正题，而且会使交流者如沐春风。与此同时，人们都不希望一下子和陌生人甚至同事关系拉得太近，对话者希望能够在利用这些感觉的同时，不会让对方感到自己一览无余。

2. 过早付诸行动

匆匆开始行动也是比较常见的错误。在讨论中，常常会出现这样的情况：一旦某个问题被提出来，准会有人问："那我们怎么处理？"到了这个份上，关于这一问题的对话就会戛然而止，代之以纷乱的观点、争吵和草率行事。

对话切忌过早行动的倾向。它仿佛像电线短路一样，中断了深入其他对话者的思想、感情和观点的过程，无法为成熟的决策奠定基础。

如果对话中有人要迫不及待地付诸行动，稍微停顿一下很管用，对话方应自问是否需要进一步对话。所以，如果有人提出"我们怎么解决这个问题"时，可以这样答复："还没有到解决的时候，我们稍等片刻。"这种方法通常能够克服对话者急于行动的情绪。

3. 听而不闻

另外一个常见问题是，当一方表述不清时，另一方不愿意再花工夫了解他到底在说什么。大多数人，特别是矛盾重重的时候，不习惯于找最确切的话来表述自己的感情。这时候需要有耐心，有想他人所想的能力，做到推己及人，认真倾听。

避免这一错误的一个有用技巧是，对话者可以把他所听到的话用别的方式重新表述一遍。听到别人重新阐释自己的话时，原发言者就能够相应作出一些纠正和补充。在开展得好的对话中，对话者常常会说"对，我就是这个意思"或者"这只是一方面，但我想补充几点"。对话中如能保证相互之间的正确理解，能够让对话者感到温暖、亲切。

4. 出发点不一致

这是对话中最复杂、棘手的错误之一。一般情况下，对话者都有些先入为主的见解。而在对话过程中，这些观点可以修正。但是，如果某个问题一方已经考虑了很多年，另一方才考虑几分钟，那么让双方达成默契就比较难。

出现这种交流的鸿沟，如果只是由于双方对某些问题的认识有深有浅，那么问题就相对容易解决。事先进行一些介绍会有所帮助。

沟通的信息传递要清晰

任何形式的沟通活动，至少有两个方面：传递信息方和接收信息方。可惜的是，双方的"波长"常常不同，一方接收的信息不是另一方传出的信息。

原因很简单。任何交际活动的信息传递方和接收方之间存在着多种因素，导致信息被歪曲，不能被准确接收，从而形成接收方对传递方的错误理解。怎样才能尽量避免这种误解呢？

通常人们认为军事信息传递最为准确，商业信息交流也应该学习它。在激烈的战争中，军事人员通过并非绝对严密可靠的电子设备互通情况，准确地接收、理解信息。人的生命危如累卵，军事通讯可能随时中断或者被损坏，没有什么理所当然的事情，每条信息都必须加以仔细分析、辨认和理解。

在这里，传递信息不需要以富有诗意或者抒情的方式进行，这种方式的信息传递纯粹是浪费时间。

生活中，人们往往忽视了信息传递一定要响亮而清晰。

许多人错误地认为，在工作中，他们说出的话和下属听到的话之间毫无偏差。如果他们提出要求或者发布命令，他们就认为下属能够准确理解他们的意思。他们从来没有仔细考虑研究过怎样才能准确地传递信息。

这些人可以做以下实验。当你下次再叫下属或者同事为你做某事的时候，在他们走出房间之前，先叫他们"说说你对我的话是怎样理解的"，你会吃惊地发现他们的回答是怎样曲解你的意思的。在工作场所，信息传递就极不准确，实在是不应该的。

给你的沟通制订行动计划

麦考梅克公司的总裁在一次商务会议上，遇见了至少 30 名决策性的人物想和他们公司合作做生意。他知道，一下子有了这么多的新关系，他很难及时对每一个人的提问和要求作出正确的答复。他也知道，一旦他回到家，又可能将这些关系推至一边，忙于处理其他迫切的事务。于是，他决定记录会议的有关情况。他详细记述了他接触过的每个人的情况：从他们给他留下的个人印象到他们的工作头衔、公司地址，以及他们对他公司感兴趣的地方。

这样，这位总裁就做了以前从未做过的事情。每次和一个人交往结束后，他就写一份《行动计划》——内容包括下一步从公司派哪些人和这些重要人物打交道，怎样打交道，谈论什么问题。最后，他还确定了"满载而归"的期限。

制定《行动计划》的确是一件值得效仿的新鲜事，而且它抨击了商业交往活动中的一个重大错误。如果说信息不能准确传递是最大的错误，那么，光说不行动就是第二大错误了。

至于你喜欢采用哪种交流方式，无论是公文、书信、电话、演讲还是电子邮件，都不要紧。但是，如果每次交往活动结束后，你不能及时清楚地列出下一步的行动计划，那么你就没有完成真正意义上的交往活动。公文、书信、电话或者电子邮件也都毫无意义。

一定要关注不同的声音

在某公司的一次会上，老板说出了一件错误的事情，或者根据错误的信息得出了一个错误的结论，然而却没人出来反对。你有过这样的经历吗？

这种沉默是人际交往中的又一大错误。无人开口对你说"不"，不等于人人完全同意你的看法和主张。

下属当面反对老板的意见和主张需要极大的勇气。下属不向你汇报真实情况是最令人担心的，因为你最需要的东西就是真实情况。每当听不到任何不同的声音时，你就要特别小心谨慎。这意味着你需要与下属进行更多的交流和沟通。

公开坦诚的质疑是最理想的

对别人提出反对意见的正确态度应该是：有人反对你的观点，并不意味着他们一定反对你这个人本身。

在工作场所中，人与人之间因为工作问题而发生激烈争论，常常导致相互误解，关系破裂。所以许多人回避争论，忽视了争论的价值。

在公司的工作会议上，高级管理人员们自由争论，不应该影响相互关系。在争论问题的时候，大家说话的嗓门大，气氛热烈，甚至有些嘈杂。这并不意味着大家互不尊重，或者以后再也不愿共进晚餐。这种公开坦诚的争论是最理想的。如果你们的工作会议不是这样，那么你们的交流沟通就不理想，需要改善。

选择沟通媒介要因人而异

有时候，沟通的最大错误是，我们选择了错误的交流媒介。

例如，有一位经理，远在国外办事处工作。他从不写信，也不发传真，但他喜欢打电话。电话是他进行交流的首选媒介。所以，给他写信，你将一无所获。给他打电话，你才会如愿以偿。

另外有一位经理患有"阅读困难症"，他很难读懂长篇书信或传真。可是他很能干，听说能力非常强。要和他交流时，就一定要采取谈话的方式；如果采用"写"的方式，他只能读懂只言片语，而且究竟是哪些只言片语，你是无从知道的。

　　如果我们对交往对象接收信息的特点稍加考虑，那么我们的信息传递就会准确得多，所以选择交流媒介要因人而异。

第4章
掌握用心倾听的沟通方式

在日常工作生活中，人们往往把沟通等同于掌握读、写、说的技术。但我们却忽视了沟通的另一种重要技能，即倾听。事实上，我们在日常工作与生活中花费了近40％的时间用于倾听之上。

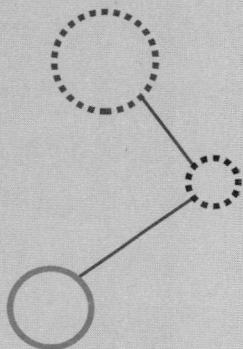

做一个懂得倾听的人

在一项关于友情的调查中，调查的结果让调查者感到十分意外。调查结果显示，拥有最多朋友的是那些善于倾听的人，而不是能言善辩、引人注目的演说者。其实，这也没有什么不可思议的。生活中我们每个人其实都渴望表达自己。聪明的聆听者能够让说话者有充分的表达机会，自然就更容易获得别人的好感。

有这样一位经理，他心存好意，请刘某到小吃店去喝酒，想要劝服刘某留下来，可是却没有收到效果。因为在会谈时，喝酒的目的是要使对方的心情放松，然后再引出他心中的话。可是经理一开始就说教，令气氛变得紧张又严肃，让对方连说话的机会都没有，结果可想而知了。

一方面，每个人都喜欢叙述有关自己的事，都想美化自己，也都想让对方相信自己的叙述；另一方面，每个人又想探知别人的秘密，并且都想及早转告别人。这种现象，也许可以说是人的本性。

所以，从某种意义上讲，会听话比会说话更为重要。聆听越多，你就会变得越聪明，就会被更多的人喜爱，就会拥有更好的谈话伙伴。一个好听众总能比一个擅讲者赢得更多的好感。当然，成为一名好的听众，并非一件容易的事，首先，要注视说话人。对方如果值得你聆听，便应值得你注视。其次，靠近说话者，专心致志地听，让人感觉到你不愿漏掉任何一个字。再次，要学会提问，使说话者知道你在认真地听。可以说，提问题是一种较高形式的奉承。我们都经历过这样的场面吧：上学的时候，如果老师在上面做完演讲，听众没有一个问题，场面是多么的尴尬。另外，记住不可打断说话者的话题。

无论你多么渴望一个新的话题，也不要打断说话者的话题，直到他自己结束为止。最后，还要做到"忘我"。你始终要明白，你是个倾听者，不要使用诸如"我""我的"等字眼。你这么说了，就意味着你不得不放弃聆听的机会，注意力已经从谈话者那里转移到了你这里，至少，你要开始"交谈"了。

把倾听当作一种艺术

对我们大多数人来讲，倾听是从我们听到别人讲话声音开始的，但倾听与听有什么区别呢？一般学者认为，"听"是人体感觉器官接受到的声音；或者换句话说，"听"是人的感觉器官对声音的生理反应。只要耳朵听到别人谈话，我们就在"听"别人。

倾听虽然以听到声音为前提，但更重要的是我们对声音必须有所反应。倾听必须是人主动参与的过程，在这个过程中，人必须思考、接收、理解，并作出必要的反馈。同时，倾听的对象不仅仅局限于声音，还包含理解别人的语言、手势和面部表情等。在此过程中，我们决不能闭上眼睛只听别人的声音，而且还要注意别人的眼神及感情表达方式。

保罗·赵说过："沟通首先是倾听的艺术。"伏尔泰说："耳朵是通向心灵的道路。"米内也说："会倾听的人到处都受欢迎。"松下幸之助把自己的全部经营秘诀归结为一句话："首先细心倾听他人的意见。"

以上的引述都说明了倾听的重要性。事实上，在日常生活中，倾听是我们自幼学会的与别人沟通能力的一个组成部分。它保证我们能够与周围的人保持接触，失去倾听能力也就意味着失去与他人共同工作、生活、休闲的可能。在日常工作中，领导者的倾听能力更为重要。一位擅长倾听的领导者将通过倾听，从同事、下属、顾客那里及时获得信息并对其进行思考和评估，并以此作为决策的重要参考。有效而准确地倾听信息，将直接影响管理者的决策水平和管理成效，并由此影响公司的经营业绩。

倾听是由管理工作特点决定的。科学技术在飞速发展，社会化大生产的整体性、复杂性、多变性、竞争性，决定了管理者单枪匹马是肯定不行的。面对纷繁复杂的竞争市场，个人难以作出正确的判断，制定出有效的决策方案。法国作家安德烈·莫洛亚说："领导人应善于集思广益，应当懂得运用别人的头脑。"他援引希腊谚语说"多听少讲有利于统治国家"。对领导者与管理者要求虽有区别，但重视倾听这一点应该是一致的。唐代贤臣魏征在劝谏唐太宗时更一针见血地指出："兼听则明，偏信则暗。"具体来说，倾听的重要性有以下几点：

1. 倾听可以调动人的积极性

善于倾听的人能及时发现他人的长处，并创造条件让其积极性得以发挥作用。倾听本身也是一种鼓励方式，能提高对方的自信心和自尊心，加深彼此的感情，因而也就激发了对方的工作热情与负责精神。美国最成功的企业界人士之一的玛丽·凯·阿什是玛丽·凯化妆公司的创始人。现在她的公司已拥有20万职工，但她仍要求管理者记住倾听是最优先的事，而且每个员工都可以直接向她陈述困难。她也专门抽出时间来聆听下属的讲述，并作仔细记录。对他们的意见和建议十分重视，在规定的时间内给予答复。这样做的好处就是沟通了彼此的感情，倾诉者要求被重视的自尊心得到了满足。在很多情况下，倾诉者的目的就是倾诉，"一吐为快"，或许他们并没有更多的要求。日本、英国、美国等一些企业的管理人员常常在工作之余与下属职员一起喝几杯咖啡，就是让部下有一个倾诉的机会。

2. 积极倾听可以使管理者作出正确决策

对缺乏经验的管理者，倾听可以减少错误。日本松下幸之助先生创业之初公司只有3人，因为注意征询意见，随时改进产品，确立发展目标，才使松下电器达到今天的规模。玛丽·凯·阿什创业之始公司只有9人，但她善于倾听各种意见，很多产品都是由于销售部门听取了顾客的建议，按照顾客的需要制作的，所以无须大做广告，节省了很多的广告费用，但产品销路照样很好，企业的效益一直领先于同行业。

3. 倾听也是获得消息的重要方式之一

报刊、文献资料是了解信息的重要途径，但受时效限制，而倾听可以得到最新信息。交谈中有很多有价值的消息，可能是说话人一时的灵感，当时或者没意识到，对听者来说却有启发。实际上就某事的评论、玩笑、交换的意见、交流的信息、各地的需求消息，都是最快的消息，这些消息不积极倾听是不可能抓住的。所以有人说，一个随时都在认真倾听他人讲话的人，在与别人的闲谈中就可能成为一个信息的富翁。俗话说得好，"听君一席话，胜读十年书"。

4. 注意倾听是给人留下良好印象的有效方式之一

许多人不能给人留下良好印象，就是因为他不注意听别人讲话。心理观察显示，人们喜欢善听者甚于善说者，戴尔·卡内基曾举过一例：在一个宴会上，他坐在一位植物学家身旁，专注地听着植物学家跟他谈论各种有关植物的趣事，几乎没有说什么话，但分手时那位植物学家却对别人说，卡内基先生是一个最有发展前途的谈话家，会有大的作为。学会倾听，实际上已踏上了成功之路。

掌握积极倾听的方法

让讲话人说下去。我们有两只耳朵，而嘴只有一张，所以应多听少说。

要求自己静心听，让讲话者把话讲完，而不要打断他。不要主观臆断讲话人接下去将说些什么，也不要总想着自己接下去该说什么，主要任务就两项：

1. 不要先入为主

你的价值观念、信仰、理解方法、期望和推测都会导致先入为主而成为妨碍你倾听对方讲话的"有色眼镜"。如果你的头脑中冒出这样的念头："他怎么又说了一遍！"或"你还能指望他说些什么？"，那说明你已经戴上了"有色眼镜"。此时，你应该考虑如何运用讲话人所提供的信息。讲话人的表达缺乏条理，所用言辞以及性别、文化差异等都可能增加你聆听时的难度。他的非语言信号和语调也会成为影响交流的潜在因素。即使如此，你也要继续听下去，并尽量控制住自己的反应。此时，你的主要任务是领会谈话人的观点。

2. 偶尔的提问

澄清问题的方法有：

"我可能没有听懂，你能否再讲具体一点？"

"还有哪些方面需要考虑的呢？"

"你能详细说明一下你刚才所讲的是什么意思吗？"

请注意，这些问题都是为了要求对方提供信息而问的，而不是对谈话人所讲的内容进行评论或评价。

讲话者总希望和你交流，希望被人理解。你不妨改变说法，重复一遍你没有听得太清楚的词句，以证实自己的理解是否正确。如果给自己多留一些对听到的信息进行"消化"的时间，就能慢慢地适应讲话人的讲话方式，这样就会理解得更多一些。

3. 及时给予反馈

积极聆听的最后一个环节是用自己的语言复述对讲话人所表达的思想与感情的理解。给讲话人以反馈，从而完成聆听的全过程，并告知其信息已被听到并理解了。

反馈的方式有三种：

（1）逐字逐句地重复讲话人的话

甲：昨天晚上计算机坏了。

乙：哦，计算机昨天晚上坏了！

（2）重复讲话人的话，只是把"我"改成"你"

甲：我正在另找一份工作。

乙：你正在另找一份工作。

（3）用自己的语言解释讲话人的意思

甲：我不喜欢我的老板，再说，那个工作也很烦人。

乙：你对你的工作不太满意。

我们也可以用确定性的语言提问或陈述自己对信息的理解和判断，并对以后可能出现的情况作出预测。

此时无声胜有声

有经验的推销员大都懂得"善于倾听"的秘诀。一般商场里有经验的职员在处理投诉时都会默默无语地倾听顾客的满腹牢骚。这个时候，顾客会把你的沉默理解为：你尊重我，你认为我的投诉是正确的。于是，顾客把不满倾泻之后，他的火气也就消了，那么问题也就迎刃而解了。

不会倾听的人是不懂得激励别人的。倾听别人的谈话是日常交往中最为常见的激励方法，但倾听并不是静听，而是积极地把自己投入到角色中，在听的同时去激发说话者的热情。比如点点头，眨眨眼睛的动作，对于说者而言，都是莫大的鼓励。如果听者不会及时给予说者恰当的回馈，那么纵使听的时间再长，也不会被当作知音。说话的人宁愿去对牛弹琴，也不愿面对这样一个"莫测高深"的人。

要想成为一名合格的听者，必须达到心神合一的境界，光用耳朵是远远不够的。当你全身心地投入，满足了说者自我表现的欲望，那你就达到了无声激励的目的。每个人都是一个独特的世界，都是一道美丽的风景，只是被深深地掩藏在心灵的帷幕之后。当一个人把他成功的喜悦，失败的痛苦，人生的惆怅向你表白的时候，你用你的倾听将阳光播撒于他的世界，给予他的是对他失败的同情，成功的激励和生命能量的激发。

别让自己成为录音机

如果你去问一个听力正常的人："你会听吗？"一定会遭到对方的耻笑，这种问题他一定不屑于回答你。长了两只耳朵，又不聋，有谁不会听呢？可谁又会想到，坐在那听的人有可能只是一部录音机呢！录音机是一堆塑料和金属构成的没有生气、没有情感的物体，如果听者成了一部只知道开关运行的录音机，那么是无法激起说话者的激情的。说话者的第一感觉便是：你在敷衍我。这样的录音机式的听者又怎能达到激励别人的目的呢？

所以，听应该是倾听，是对说者表现出的极大的注意地听。有人做过这样一个实验，来证明听者的态度对说者有着极大的影响。

让学生表现出一副心不在焉的样子，结果上课的教授照本宣科，不看学生，无强调，无手势。

让学生积极投入——倾听，并且开始使用一些身体语言，比如适当的身体动作和眼睛的接触。结果教授的声调开始出现变化，并加入了必要的手势，课堂气氛顿时生动起来。

由此看出，当学生表现出一副心不在焉的样子，教授因得不到必要的反应而变得满不在乎起来。而当学生改变态度，用心地去倾听时，其实是从一个侧面告诉教授：你的课讲得好，我们愿意听。这，就是无声的激励，并且起到了积极的效果。

从上面的例子也可以看出，倾听时加入必要的身体语言，是非常有必要的。

行动胜于语言。身体的每一部分都可以显示出激情、赞美的信息，可增强、减弱或躲避拒绝信息的传递。精于倾听的人，是不会做一部没有生气的录音机的，他会以一种积极投入的状态，向说话者传递"你的话我很喜欢听"的信息。

录音机是没有眼睛的，俗语说"眼睛是心灵的窗口"，适当的眼神交流可以增强听的效果。这种眼神是专注的，而不是游移不定的；是真诚的，而不是虚伪的。发自灵魂深处的眼神是动人心魄的。

录音机做不了"小动作"，而倾听者则必须做一些"小动作"。身体向对方稍微前倾，表示你对说者的尊敬；正向对方而坐，表明"我们是平等的"的暗示，这可使职位低者感到亲切，使职位高者感到轻松。自然坐立，手脚不要交叉，否则让对方认为你傲慢无礼。倾听时和说话人保持一定的距离，恰当的距离给人以安全感，使说话者觉得自然。动作跟进要合适，太多或太少的动作都会让说者分心，让他认为你厌烦了。正确的动作应该跟说话者保持同步，这样，说话者一定会把你当作"知心人"。

倾听并不意味着默默不语，除了做一些必要的"小动作"外，还得动一动自己的嘴。恰当的插话不但表示了你对说者观点的赞赏，而且还暗含对他的鼓励之意。

当你对他的话表示赞同时，你可以说：

"你说得太好了！"

"非常正确！"

"这确实让人生气！"

这些简洁的插语让说话者想释放的情感找到了载体，表明了你对他的理解和支持。

同时，听者还可以用一些简短的语句将说者想传达的中心话题归纳一下，这能够使说者的思想得以凸显和升华。同时也能提高听者的位置。

另外，我们还可以向说话者提一些问题。这种提问既能表明你对说者话题的关注，又能使说者说出欲语还休的得意之言。

学会倾听其实是激励艺术的第一步。我们要激励别人，首先得有激励的依据。那些没有根据的子虚乌有的激励只能引起对方的反感。而听就是我们获取激励所需依据的必要手段。我们可通过听第三人的谈话来获取必要的信息，我们也可直接在听说话者的同时找到称赞激励对方的材料。为了知道更多的东西，为了让我们的激励变成温暖他人的阳光，我们就必须进行有效的倾听。

入神的倾听本身就是一种激励。它能使我们更好地理解别人，有助于克服彼此间判断上的倾向性，有利于改善交往关系。在入神地倾听别人谈话时，你已经把你的心呈现给对方，让对方感受到你的真诚。我们去倾听别人说话的时候，也就是我们设身处地理解他们的幸福、痛苦与欢乐的时候，使我们能够把对方的优点和缺点看得更清楚。

入神的倾听有利于对方更好地表达自己的思想和情感。在对方明白我们的倾听是对他的尊重以后，他同样会认真地听我们说话，这样我们的激励才能产生良好的效果。

对领导而言，倾听职员的说话，有助于充分了解下情的同时，也说明了领导对下属的体贴和关心。这种没有架子的平民领导到哪都会受员工欢迎的。

对员工而言，倾听领导的说话，是对领导威严的有效维护，说明下属对上司的尊重。这样的员工说出来的话即使不是激励之辞，领导都会喜欢听的。

在员工之间，倾听则能促进情感，加深相互间的理解，引发精神上的共鸣。

不懂得倾听的人，只能对别人说"想说爱你不容易"。

兼听则明，偏听则暗

世界上只有狂妄的人，或者是愚蠢的人，才会认为自己无所不知、无所不晓、无所不能。一个人的能力总是有限的，认识、了解一个人必须通过各种渠道去收集有关的信息。听是接受的前提，各种各样的信息都得听，这样才能给我们的激励对象做出合乎实际的、恰当的评价。

"兼听则明，偏听则暗"，是唐朝名臣魏徵的名言。本是用来形容封建帝王集思广益，听取各种意见，才能辨别是非曲直，治理好国家。但是，在我们激励别人的时候，同样应该采取"兼听"的态度，"偏听"是不可能对一个人做出合理的激励的。

"兼听"才能明断。

尽管有很多人舌绽莲花，善于言辞，常用精美的包装掩藏虚假的实质，给听者一种逼真的假象，但只要我们采取"兼听"的态度，便能看清其庐山真面目。

"兼听"除了能让我们揭穿虚假激励的同时，也能让我们识破小人的谗言，给当事者以应得的激励。

据说魏王派乐羊带兵攻打中山国，竟然久攻不下。平时跟乐羊有嫌之人乘机大进谗言，说攻无不克、战无不胜的乐大将军必有异心，因为中山国有他的儿子作人质，他很有可能会率军投降中山国。一年之后，乐羊灭了中山，班师回朝。论功行赏时，魏王给了乐羊一只精美的大箱子。乐羊还以为是金银珠宝，待回家打开一看，才发现竟是一箱大臣们诋毁攻击他的奏章。

在这个例子中，魏王如果"偏听"一班朝臣的谗言，降罪于乐羊，就有可能酿成大错。可贵的是他在听了谗言的同时，也听了为乐羊辩护之言，两相参照，做出了明断。那一箱奏章，可以说是他给乐羊的最高奖赏。

"敬请指教，不吝赐教"

翻开许多学术著作的编著者前言，总会看到最后印着"敬请指教"和"不吝赐教"的词语，这就是谦词。作为学术研究的专家，作者的水平是很高的，这种话多半是自我谦虚，甚至还有自我赞扬之意。如果哪个毛头小子不知天高地厚地真去"赐教"人家一番，那肯定换来的是对方的不屑。

所以，如果我们办公室来了个新同事，刚进门就对你谦虚地说句："请多多关照！"你该怎么办呢？你是否就过去来一番指手画脚的关照？如果遇到了较为"高明"的自谦者时，处理不好往往导致不快。

人贵有自知之明，才能使自谦者满意。一般来说，身份地位的差异，导致了处理自谦方式的差异。对于下级的自谦，领导可以泰然处之；同事的自谦，嬉笑怒骂应付之；领导的自谦，则要小心谨慎之。

但是，总的来说，处理自谦可以在自谦者说话含义的正反两个方面进行。要么就顺着自谦者的意思，肯定他的观点，然后再给予一定程度上的激励。要么还可以反其道而行之，否定自谦者的观点，提出与之截然相反的观点。

对于领导的自谦，顺接的较多。面对同事的自谦，反接的较多。但具体使用什么方式，还得看具体情况而定。

有的时候，对方的自谦之语只是客气话，与具体情况并不一致。这种时候，最好用反接。

有的领导在开会结束的时候，总喜欢说："因为水平有限，谈得不够深入的地方，讲得不够透彻的问题，还请大家多提批评意见。"对于这种情况，说话者多半为了表示谦虚的客套，反接应该较有效，对说话者的观点进行否定。光否定了还不行，还得找出具体的论据来支持你的观点。比如，可能某个问题你本来还不了解，但听了讲话后便恍然大悟了；另外你还可以激励他说话的语气是如何的抑扬顿挫，如何的引人入胜；还可以称赞他能够做到理论联系实际，能够把死的东西说活，使听者受益匪浅。像这样既赞同说者观点，又列举他自己都可能没发现的优点的激励，对方一定喜欢听。反之，单纯的空洞的反接难以让自谦者获得一种心理平衡，反感你那干瘪的激励。

另外就是顺接，也就是承认对方的观点，但承认以后并不能就此打住，还应该给对方予一点希望和鼓励。否则，对方虽然谦虚在口上，内心其实是大大的不快。

例如在一次朋友聚会上，你的豪饮使大家折服。同事小张过来跟你说：

"我的酒量比你差多了，女同胞都不屑于我。"

你可以有两种回答方式：

1."当然啦！你看你一杯就晕了。"

2."当然啦！你看你一杯就晕了。不过酒可不是好东西，喝多了容易误事。你虽然看我现在威风，待会儿你嫂子可要发威了。你小子文质彬彬，平时办公室的风采都被你占了。"

第一种虽然是事实，但一定惹得对方不高兴，它忽视了对方掩藏在话语后的一种心理需求。显然，第二种回答较得体，它在承认了对方观点以后，话锋一转，把对方的长处给显露了出来，使对方满足了人人不甘人下的微妙心理。

谦虚是中国人的美德，但同时谦虚后面隐藏着令人捉摸不透的东西。要把握住这种东西并不容易，需要用耳、用心、用脑去听对方的话，再加以辨别。在应付别人的自谦时，一定要谨慎从事，站在对方的角度想一想，粗枝大叶只会招致不快。

创造良好的倾听环境

倾听环境对倾听的质量有巨大的影响。例如，讲话人在喧闹的环境中讲话要比在安静的环境中讲话的声音大得多，以保证沟通的顺利进行。又如，如果谈话内容属于私事或机密信息则最好在安静、封闭的谈话场所。同时环境也影响倾听的连续性。

空间环境也影响倾听，进而影响人与人之间的交流。社会学者和专家们曾经组织的一项调查表明，由于各种因素的干扰，相距10米的人，每天进行谈话的可能性只有8%～9%，而相距5米的人，这一比率则达到了25%，有效倾听的管理者必须意识到这些环境因素的影响，以最大限度地消除环境对倾听的障碍。

美国学者在一个更为宽泛的意义上提出环境的概念，它不仅包括社会因素，而且包含人的心理因素与生理因素，要有效地建立这样的环境需要做很多细致的工作。

良好的倾听环境应包括：

1. 安全的环境

在这种环境中，双方有一定安全感，并有与他人平等的感觉，这种环境可为正式的，比如谈判场所，也可以选择非正式的，如在酒吧或咖啡厅。

2. 适当的地点

必须保证不受打扰或干扰。比如较为封闭，有隔音设备等。

3. 合适的时间

选择适宜的时间，同时保证沟通谈话的次数。这样的时间选择必须得到对方的认可，并提前与对方预约，让对方有一个充足的准备。

只有用心才能听得见

在不同的时间与情况下人类常以不同的方式去听一切声音。有些场合，我们听得很专心，有些场合，我们却心不在焉。例如，有些人在公司能够很专心地听上司或老板的讲话，但回到家里对家人的话就充耳不闻。

有效倾听的缺乏往往导致错失良机，产生误解、冲突和拙劣的决策，或者因问题没有及时发现而导致危机。有效的倾听是可以通过学习而获得的技巧。认识自己的倾听行为将有助你成为一名高效率的倾听者。按照影响倾听效率的行为特征，倾听可以分为三个层次。一个人从第一层次到第三层次的过程，就是其沟通能力、交流效率不断提高的过程。

1. 第一层次，听者完全没有注意说话人所说的话

在这一层次，听者假装在听其实却在考虑其他毫无关联的事情，或内心想着辩驳，感兴趣的不是听，而是说。这一层次包括三种方式：

（1）表面的听，知道眼前有人在说话，但只是关心自己心里正在想的事情；

（2）半听半不听，为了要找寻自己发言的机会，所以不得不偶尔听一下

人家在讲什么；

（3）安静而消极地听，听是听了，但没有反应，听进去的也没几句。

这一层次的倾听者可能眼睛瞪着说话的人，但更在乎的是自己的心情，别人的话并不在意。这种层次上的倾听，导致的是关系的破裂、冲突的出现和拙劣决策的制定。

2. 第二层次，人们只能作肤浅的沟通

在这一层次，听者听到讲话者的声音也听到他的话了，但听得还不够深刻，没有理解其真正的含义。听者主要倾听所说的字词和内容，但很多时候还是错过了讲话者通过语调、身体姿势、手势、脸部表情和眼神所表达的意思。这将导致误解、错误的举动、时间的浪费和对消极情感的忽略。这一层次的人表面上看起来却是在听，有时也会通过点头同意来表示正在倾听，好像是理解了，而实际上并非如此。于是，彼此之间的误会很容易在不知不觉中发生。

3. 第三层次，专心而有效地倾听

在这一层次，听者表现出一个优秀倾听者的特征。这种人带着理解和尊重倾听，把自己放在讲话者的立场，试图以讲话者的观点去看待事情。这种倾听者清楚自己个人的喜好，避免对说话者作出武断的评价；对于激烈的言语能掌控自我情绪，不受负面的影响；不急于作出判断，而是感同身受对方的情感；询问而不辩解、设身处地看待人和事物。

在说话者的信息中寻找感兴趣的部分，他们认为这是获取新的有用信息的契机。高效率的倾听者清楚自己的个人喜好和态度，能够更好地避免对说话者作出武断的评价或是受过激言语的影响。不让自己分心，不断章取义，不忽视言辞以外的信息（如讲话者的身体动作等），好的倾听者能够设身处地看待事物，通过询问而不是辩解的方式与对方交流。

倾听对管理人员至关重要。当一个员工明白自己谈话的对象是一个倾听者而不是一个等着作出判断的管理人员时，他们会不隐瞒地给出建议，分享情感。这样，管理人员和员工之间能创造性地解决问题，而不是互相推诿、指责。

大概 80% 的人只能做到层次一和层次二的倾听，在层次三上的倾听只有 20% 的人能做到。如何实现高层次的倾听呢？以下几点可供借鉴：

（1）以一种关心的态度，让说话者试探你的意见和情感，同时感受到你是以一种非裁决的、非评判的姿态出现。不要立即问一大堆的问题。

（2）带着理解和相互尊重进行倾听。

（3）透过非语言行为，如眼睛接触、某个放松的姿势、某种友好的脸部表情和宜人的语调，可建立积极和谐的氛围。轻松、专注的表现，可使对方感到安全和被看重。

（4）表现得像面镜子：回馈你认为对方当时正在考虑的内容；总结说话者的内容以确认你完全理解他所说的话，如"我想你刚才是要告诉我……"。

（5）避免先入为主，过早下结论。以个人态度投入问题时，往往导致愤怒和受伤的情感。

（6）有简单的语句认同对方的陈述，例如"嗯""噢""我明白""是的"或"有意思"等；还有"说来听听""我们讨论讨论""我想听听你的想法"或者"我对你说的话很感兴趣"等，鼓励说话者谈论更详尽的内容。

（7）细心观察他（她）的声调和肢体语言。

倾听是一种领导者的交流手段，为了提高倾听效率，领导者要有意识地锻炼自己的听话能力与听话技巧。以下一些效果可作为倾听效率是否提高的指标：

①能解读谈话人的面部表情。

②能理解谈话人用词的意图。

③能理解弦外之音。

④能对谈话的内容进行全面评估，而不在乎他具体谈些什么。

⑤能明确谈话人提出的假设。

⑥能把谈话人的观点和事实分开。

⑦能用自己的语言准确复述谈话人的想法。

⑧能判断出信息来源的可靠性、谈话人的真正想法、问题所在与谈话目的。

当然，要做到以上几点不是一件容易的事，有许多人在听完对方的长篇大论、口沫横飞的表达之后还是一头雾水地追问："你到底说了些什么？"这是因为我们中大多数人没有或很少受到听话的训练，缺乏听话所应该具有的理解技巧——用心倾听。

用心倾听要求你把注意力集中于说话人的身上，要心无二用。听别人讲话最忌讳"左耳进，右耳出"，别人的讲话在自己的心中没有留下任何痕迹。

1. 阻止分心

注意力分散是有效倾听的最大障碍之一，在倾听时使人分心的因素很多，一定的生理疲劳使我们感到厌倦，而其他的新异刺激也将我们的注意力转移到其他人或事上。除了周围的噪音，演讲者的口音和方言也可能让你分心，不感兴趣的主题或组织得不好的演讲，也可能很快让你失去热情而分散注意力到其他事情上。但是，好的倾听者，常常保持着良好的弹性，他们会排除干扰，并努力倾听说话者信息中的要点。具体做法是：

（1）做做深呼吸。

（2）寻找有趣的方面。

（3）注意参与的姿势。

（4）保持距离。

（5）保持目光交流。

目随耳移，这是自然的现象，对于你在用眼睛去看的东西，你也差不多会用耳朵去听。

2. 在主题里制造兴趣

在演讲或会议的开始，当听到主题时，先在心里思考一下所有你想知道的有关该主题的问题。在倾听时持开放的心胸和积极的态度，你会发现你很容易跟随演讲者的节奏。在整个倾听过程中，即使你对他所说的话感到失望，也要努力试着倾听正面的及有趣的信息。拉尔夫·尼科尔斯这样建议："他所言，有什么我可以利用？他的哪些观念有价值？他正在报告什么方法？我能派上用场吗？我能运用这些信息并让我快乐吗？"向自己提出这些问题能够帮助我们整合个人价值观，以便更好地倾听。记住："没有无趣的主题，只有无趣的人。"

3. 关注内容

希腊有句谚语：我们在路上遇到的每一个人都有我们不知道的知识。"听"是一种容易获得新信息的活动，你能听得越投入而不加评判，那么你的沟通能力就会越好。

人们常说，不要根据封面来评论一本书。同样，当我们听别人讲话时，也不要受自己对说话者的评价而忽略其表达的内容。

在听话过程中，我们要以开阔的胸怀去自由地倾听，要关注讲话者的内容而不要评价讲话者。

学与听是并驾齐驱的。学习的动力增强你更好地去听的欲望。如果你对讲话者厌烦了或对他不置可否，那么你就不会全神贯注地去听。这样只会导致你学不到任何东西。增强倾听效果的一个很好的方法是对自己重复说"教教我"。除此以外，我们还可以选择以下三个策略：

（1）不要详述你是同意还是不同意。

（2）对你不熟悉的题目要特别注意。

（3）把你获得的新信息与你已有的旧知识有机结合起来。

当你从他人那里得到知识时，要把新的与已熟悉的联系起来。

4. 捕捉要点

尽管一般情况下，人们的说话和谈论并不都是金玉良言，会有许多平常的、芜杂的甚至是多余的东西，但对处处留心的人来说，往往能在用心倾听别人谈话的过程中获得某种宝贵的知识和信息，从而触发自己的思考，迸发灵感的火花。

人们在听时是否能及时、有效地捕捉到有用的信息，这也是听话的基本目的之一。说话人常常会把话语的意思隐含在一段话里。前面说的话往往是引子或提示，当中一段话有时是要点、有时是解释，后面一段话也许是结论，也许是对主要意思的强调或引申。

我们在听话过程中，要善于从说话人的言语及语言的层次中捕捉要点与信息。一般，说话人在强调某些重点语句时，常采用一些方法，比如：故意放慢语速、突然停顿、提高声调或故意降低声调以及手势等加以提示，这样我们可以从说话人的语气、手势变化来捕捉信息。

从聆听中可以获得信息，因而不会倾听的领导者会使提供信息的下属感到扫兴，他们就不再向领导者提供可能影响工作的重要信息了。领导者是否能有效地聆听，将会影响这个单位的各方面的工作。一旦领导者掌握了这些聆听技术后，就会发现听别人说话是于公于私都有助益的。

好的听众拥有广阔的市场。

尝试着使用开放性动作

人的身体姿势会暗示他对谈话的态度，自然开放性的姿态代表接受、容纳、感兴趣与信任，根据达尔文的观察，交叉双臂是日常生活中普遍的姿势之一，一般表现出优雅富于感染力，使人自信十足。但这常常自然地转变为防卫姿势，当倾听意见的人采取此势，大多是持保留的态度。既然开放式姿态可以传达出接纳、信任与尊重的信息，而"倾听"的本意是"向前倾着听"，也就是说，向前倾的姿势是集中注意力、愿意听倾诉的表现。所以二者是相容的。交叠双臂跷起二郎腿也许是很舒服的姿势，但往往让人感觉这是种封闭性的姿势，容易让人误以为不耐烦、抗拒或高傲。

开放式态度还意味着控制自身偏见和情绪，克服心理定势，在开始谈话前培养自己对对方的感受和意见感兴趣，作好准备积极适应对方的思路，去理解对方的话，并给予及时的回应。

倾听应是热诚的，不可抱着冷漠的优越感或批判的态度听人说话。热诚地倾听与口头敷衍有很大区别。"没必要那么担心，事情会好起来的"之类的话于事无益，甚至会使对方产生挫折感：原来自己的担心是没价值的。热诚的倾听则给人更多的关怀与启迪，并在必要时给予鼓励。

适时适度地提出问题

在倾听过程中，恰当地提出问题，往往有助于我们的相互沟通。我们的沟通目的是为获得信息，是为了知道彼此在想什么，要做什么，通过提问的内容可获得信息，同时也从对方回答的内容、方式、态度、情绪等其他方面获得信息。下面是有关提问的一些问题。

1. 倾听中的提问应注意的事项

（1）数量要少而精。太多的问题会打断讲话的思路和情绪，改变谈话的主题。但恰当的提问往往有助于双方的交流。因此，掌握提问的时机和度是至关重要的。

（2）要紧紧围绕谈话内容。不应漫无边际提一些随意而不相关的问题。这很容易分散谈话者的注意力，导致交流的中断。

2. 提问应掌握的一些必要的技巧

倾听中的提问不是随便的，注意和掌握必要的技巧会使你的提问事半功倍。

（1）理解。作为管理者，设身处地地理解别人，是必备素质之一，以理解的态度交谈，就能认真倾听，就能诚恳而准确地提出一些双方都能接受的问题，从而更有利于双方的沟通。

（2）时机。倾听中提问的时机十分重要，交谈中遇到某种问题未能理解，应待双方充分表达的基础上再提出问题。过早提问会打断对方思路，而且显得十分不礼貌；过晚提问会被认为精神不集中或未能理解，也会产生误解。

（3）提问内容。提问就是为了获得某种信息，要在倾听者总目标的控制掌握下，把讲话人的讲话引入自己需要的信息范围。

（4）注意提问的速度。提问时话说得太急，容易使对方感到咄咄逼人，引起负效应；说得太慢，对方心里着急，不耐烦。

3. 提问的分类

美国沟通专家把提问分为两种方式，一种为开放式提问方式，回答这种提问，不能用简单的"是"或"不是"来回答，回答结果一般无法预料，例如——

甲："我对公司本月销售额很不满意！"

乙："为什么？"

另一种为闭合式提问方式，经常提问"是否、是谁、什么时候"等问题，其结果往往可控制，与预期结果相近。

倾听中，两种方式是相互运用的。其作用各有千秋，开放式提问气氛缓和，可自由应答，可以作为谈话中的调节手段，松弛一下神经，另外，可用开放式问题作为正式谈话的准备，如"最近怎样？"，然后很快开始实质问题的交谈。比较来说，闭合式的提问使用机会更多，其优点是可以控制谈话及辩论的方向，同时可以引导和掌握对方的思路。但运用不当会使人为难，气氛容易紧张。两种方式应综合运用，以求得最佳效果。使用何种提问方式要因地因时制宜，需要很高的艺术和技巧。

必要的时候保持沉默

沉默就像乐谱上的休止符，运用得当，含义无穷，真正达到以无胜有之效。但一定要运用得体，不可不分场合，故作高深而滥用沉默。而且，沉默一定要与语言相辅相成，不能截然分开。沉默绝不意味着严肃和冷漠。只有在倾听当中适时、恰当地运用沉默，才可获得最佳的效果。

在倾听当中适时地运用沉默，可获得如下效果：

1. 沉默能松弛彼此紧张的情绪

若对方情绪化地说了些刻薄之词，事后往往会内疚、自省，但若你当场质问或反驳了，犹如火上浇油。这时若利用沉默战术，有利于平复双方情绪，也给对方自省的时间，继而改变态度，甚至聆听我们的说话。

2. 沉默能促进思考

适时创造沉默的空间，有利于引导对方反思或进一步思考，在对方说谎时，此举尤其能引起他恐慌，促使他改变态度。此外，沉默片刻能给双方真正思考的时间和心灵沟通的机会。

3. 沉默可控制自我情绪

在自己心生怒火的时候，开口极容易失言，影响谈话气氛和自身形象，保持沉默可渐渐克制自己激动的情绪，保持自己的良好形象。

第 5 章
掌握因人而异的沟通方式

在工作中，生活中，学习中，为了办事、合作、升学、就业等，我们总是要和不同的人打交道，打交道就要沟通。沟通顺利，则工作、生活、学习成功；沟通失败则会给我们带来不尽的烦恼。因此，一定要学会因人而异的沟通技巧。

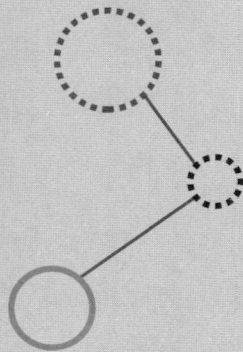

来一声开朗的问候

与同事交往的过程中，良好的语言沟通是至关重要的，首先应该懂得该说什么，不该说什么，讲究在不同的场合的说话技巧，不要只为一时之快、直言不讳便触及了同事的伤痛，使同事不愉快，面子上过不去，招同事忌恨或厌恶。在和同事沟通和交流的过程中如果不注意说话的场合、内容和分寸，往往容易招惹是非，授人以柄，影响自己的形象和与同事间的团结，给工作造成不利。在与同事交往沟通的过程中，针对不同场合运用不同的说话技巧可使自己博得同事的好感与接纳，为自己创造融洽和谐的人际关系氛围，有利于工作的开展。

当你早上到达公司时，如果有人比你早来，无论是谁，你都要开朗地道声"早！"就算这些人是警卫、清洁工或其他工友，都应如此。只是早上一声"早"，以及下班后一句"再见"，你便会让警卫、清洁工、工友记住你，留下开朗的好印象，以后你有事相托就方便了。

简单的一句问候，会增进你的人际关系。不断地训练自己精力充沛地问候，将会给你带来意想不到的收获。

一定要牢记同事的名字

在职场中，牢记住对方的名字是很重要的。如果你能在上班的第二天就准确无误地叫着他人的名字与他们打招呼，那你以后在工作中将会得到更多的帮助。但如果你在上班一周后还叫不出对方的名字，甚至连对方的姓都记错了，那你在工作中受挫的可能性也就提高了数倍！

为什么名字对交际如此重要？因为它代表了你对一个人的重视程度。试想一下，当你已经告诉同事你的名字后，第二天他找你有事时对你说："唉呀，不好意思，你叫什么来着，能麻烦你把报告做一下吗？"你会是什么感觉？至少会在心里感到不悦吧。更别说是对方过了很久还把你的名字叫错了，那简直是让人不可原谅的事情。

因此，你希望别人重视你的同时，也要注意别人的感受。尤其是职场中的同事，几乎都是比你早进公司的前辈，为了表示出你对他们的尊敬与重视，首先就应从对方的名字入手。

叫出同事的名字，这会成为对方所听到的最甜蜜、最动听的声音，比你挖空心思想出的无聊的奉承话更有魔力。

如何与事业伙伴沟通

你的某个合伙人近来对企业的事缺乏热心，不管不问，工作没精打采。分给他的事，他也常常无法办妥。你们本来约好在今晚共商大事，他却食言，推说有事便一走了之，后来你才知道他是和别人去酒吧。对此，你极为担心，恐怕因此影响了你们的共同事业的发展。而且，在合伙企业的经营管理中，某个合伙人的意见和行为不合时宜容易对企业的健康发展造成影响，除非他能表现得更好一些，不然，企业便会面临着因他造成的风险。

然而，心理学家告诉我们：人皆反感批评。批评自己的合伙人是一件令对方不快的事，也不是一件容易的事。虽然你是为了合伙企业的发展才向他提出忠言。然而忠言逆耳，在批评中稍有不慎，言语运用不当，就会把小事弄大，使合伙人误会，还有可能导致敌对甚至冲突。

因此，你要对合伙人进行批评，就必须有纯正的动机，选择一个恰当的时机。你们之间应该有足够的信任，如果无法取得对方的信赖，即使所持的见解精辟也无法让对方折服，那么，在提出批评之前应先请教第三者，使你的言论更能切合实际，因为真理并非任何人能独占，你自己的看法也可能不是很正确。

不要光批评而不先赞美，这是一个须严格遵守的原则。不管你要批评的是什么，都必须先找出对方的长处来赞美，批评前和批评后都要这么做。这就是所谓的"三明治策略"，夹在两大赞美中的小批评。

进行批评要选择适当的时机。要在人们记忆犹新时提出来，要在合伙人有心理准备愿意聆听时提出来。切记在下列情况下应当保留批评：对对方不信任；你的目的在于一泄心中之恨；对方已尽最大努力；对方已感到后悔；对方自身也有很多麻烦；只是第一次犯错；你不愿别人对你的批评提出反击，也不想惹麻烦；你没有足够的时间。

然而，当人们进行批评时，还是容易引起对方的敌意的。听者心存反驳之念，试图从批评中找出语病，而后用无懈可击的言辞加以反驳，使对方张口结舌，无言以对。这样，受批评人就无法对别人的善意批评作出友善的反应。

因此与合伙人交往时，要牢记这一原则：多赞美，少批评。从合伙人身上努力找到你希望看到的东西，大加赞美。但是，如果到了只有批评他才能避免危害时，也要注意在你们之中营造融洽的气氛，避免出现尴尬。

一个合伙企业是由各种不同的合伙人组成的，各个合伙人有不同的处事方法、个性、资历和利益，矛盾和冲突的发生在所难免，这是不以人们的意志为转移的。

对于合伙人之间的矛盾和冲突，应当想方设法加以化解，否则，会给合伙人在精神上、情感上带来不良后果，阻碍合伙企业的发展。身为合伙人之一，更应想办法处理合伙人之间的冲突和争端。

应当注意的是，对于不同的矛盾与冲突，应采取不同的方法去解决，要善于解决矛盾，熟练运用化解冲突的方法和艺术。

对于破坏性的矛盾冲突，应采取积极的措施加以预防，争取把构成破坏性冲突的消极因素扼杀在萌芽状态。然而，合伙企业中也会出现破坏性矛盾冲突，双方只对自己的观点关心，不愿听取对方意见，一概排斥，甚至进行人身攻击，有意对抗，不负责任的言行日益增多。这时要通过协商、妥协和相互让步的方法来解决。如果行不通，则请第三者出面，仲裁调解。当然仲裁者要有权威性，并且不能采用偏袒一方的行为。

要把建设性的矛盾和冲突控制在适当的水平上，防止过于激烈，避免转化为破坏性的矛盾与冲突。而在其处于潜伏期时要适当激发，展开辩论和争论，以增强活力。只要矛盾冲突的双方对实现目标积极热心，这种适当激发并加以控制地利用建设性矛盾冲突的做法是可取的。日本电通公司认为"不要怕摩擦，摩擦是进步之母，是有用的肥料"。

当合伙人之间发生矛盾与冲突时，双方都应以责己开始，控制情绪，调节"视角"，检查自身存在的问题。这有利于顺利解决双方的矛盾和冲突。因为这其中可能有己方、对方和第三方的原因，但也不能无原则地迁就对方。

当矛盾或分歧比较严重，一时难以解决时，为防止激化，应有意识地减少与有矛盾的合伙人接触，避免正面冲突，使大事化小，小事化了。暂时回避是积极的，能在对方"怒火中烧"、头脑发热时起釜底抽薪的作用。

也可使用求同存异法。合伙人之间只要基本原则、基本倾向相同，至于管理风格、个性特点、习惯爱好、生活情趣有差异，不妨求大同，存小异，既可避免冲突，又可化解矛盾。

在特定的条件下，对于一些无原则的矛盾与冲突，可不去争论，不必分出是非，避免激化冲突，模糊处理是最有效的。

另有一些矛盾冲突则可暂缓解决，以待时机。

与上级的沟通要有技巧

1.减轻坏消息的副作用

向上级汇报坏消息需要一定的技巧，最靠得住的方法就是预防。采取这种政策的第一步是预测将会有什么坏消息，而后你就可以设计各种途径让你的上级预感并得知不利的情况。要注意这些坏消息不能由你捅出去。达到这种目的最常用的手段叫做管理信息系统，它可以事先自动地显示出上级需要了解的各种坏消息。应尽可能使你的上级配备这么一个系统，并确保其能够提供必要的信息。但有时总有那么些不利的发展状况需要通过个人传达给上级，那么以下3种方法可以减轻坏消息的副作用：

（1）降低坏消息的重要性，但必须有充足的理由；

（2）在汇报坏消息的同时也汇报好消息；

（3）提出切实可行的解决方案让上级去选择。

但应该切记，若某消息对你自己极其不利时，应确保由你第一个向上级汇报。

2.向上级宣传自己的好主意前要考虑周到

向上级宣传自己的好主意也要费一番心思。首先，你应该肯定你的意见的确是重要的；接着可以在你的朋友和同事中预演一下；可能的话，还可以请你的朋友或配偶加以指点，因为你那自我炫耀的意见在别人看来也许一文不值，或它有某些小小的漏洞。无论如何，你应该尽量地让别的人，而不是你的上级挑出这些瑕疵来；再一个有用的步骤就是把你的思想记录下来，缜密地把其全部特征、可能的补救方法、涉及的困难以及你期望的效果一一罗列出来。这样可以更为清楚地认识你的主意。还有，当揭开面纱的时机成熟之时，你应当投其所好地把你的思想告诉上级，因为他的想法才是举足轻重的。

3. 巧妙阻止上级在错误思想指导下行事

假如你试图阻止上级去干他想干的事，他往往会对你耿耿于怀，因此要妥善而巧妙地加以处理。在你准备干涉之前，你首先应该肯定他这个主意或决定的确非常糟糕；接着应去摸清上级究竟想干什么，而且还要摸清他为什么要这样做。摸清了上级的情况后，你就可以仔仔细细地去考虑这件事了。整理、综合、分析你所了解的一切材料，下一步的任务才是谨慎而诚恳地提问，使他理解你的观点，而不至于对你发火或对你有所戒备。最好是能给他更多的信息，还能间接地向上级提出你对计划或项目的反对意见。

4. 化解上级对你的不满

首先应确信上级果真是看你不顺眼，但不要过于敏感。假如你不再被委派许多事务，尤其是有挑战性的任务，或不再被邀请参加与你的位置相称的办公会议了，这时候你同上级的关系就有待改善了。处理这些问题，第一步可以由你的良师益友或别的什么人替你调查一下。你还可以直接走到上级面前说："我不知道发生了什么事情，您是否能解释一下呢？"然后洗耳恭听。当上级讲完后，你再说："现在我对情况更加了解了，为了扫除障碍，我想我们可以这么办。"注意要把焦点放在能够干些什么来改善关系上，不要责备任何人，也不要提到任何有关导致危机原因的话题。你还可以把下一项任务干得特别出色，或去干没有分配给你但你知道上级很希望办好的事情。假如隔阂并不太深，你可以采用另一种策略，如安排你到办公室以外工作一段时间，在你和上级之间分开一段距离。这或许能令暂时疏远的情感逐渐融洽，还可以改善正在恶化的关系。

5. 积极与新来的上级沟通

第一步，迄今为止效果最为明显的一步，就是尽可能地去了解新上任的上级；第二步是准备一份个人简历（只需一页）在他走马上任时交给他，并不妨利用全部你获得的有关他的情况来描绘自己；你也许还需要准备另一份阐明你工作和职责的简短报告；还可以自然而然地帮助新任上级熟悉他现在管理的全部工作；最后，无论你是多么地厌恶原来的上级，也不要贬低他。

善于兼并上司的立场

李先生是一家比较出名的企业总经理助理。他的顶头上司王总乃搞学术、技术出身，由于工作重点长期落在研究开发领域，因此对企业管理依然一知半解，出于对技术的钟情与依恋，王总直接插手技术部门的事，把管理的层级体系搞得乱七八糟，其他部门虽然表面上敢怒不敢言，但私下里无不怨声载道，让李先生与其他部门沟通协调倍感吃力。

经过思考，李先生决定采用兼并策略。他对王总说："真正意义上的领导权威包含着技术权威和管理权威两个层面，王总的技术权威牢固树立，而管理权威则有些薄弱，亟待加强。"王总听后，若有所思。

李先生巧妙地兼并了王总的立场，结果获得了成功。后来，王总果然越来越多地把时间用在人事、营销、财务的管理上，企业的不稳定因素得到控制，公司运营进入了高速发展状态，李先生的各项工作也顺风顺水，渐入佳境。

从李先生的经历，我们可以得到很好的启发：兼并上司的立场，的确不失为向上司提意见的上等策略。首先，它没有排斥上司的观点，而是站在上司的立场上，最终是为了维护上司的权威，出发点是善意良性的；其次，这种策略是一种温和的方式，能够充分照顾上司的自尊，易于被上司接受，效率较高；另外，它需要很强的综合能力，需要很高的社会修养，并非轻易能够针对不同情况，不断提出有效率的兼并上司立场的意见，久而久之，自己个人的领导能力亦会迎风而上，甚至来一个飞速提升。

上下级交流的要诀

一般说来，人们在与自己同等级、同层次的人讲话时，表现比较正常，行为举止都会比较自然、大方；但是，在与比自己地位高的人交往时，就可能感到紧张，表现比较拘谨，并且自卑感强；相反，在与社会地位低于自己的人讲话时，就会表现得比较自如、自信，甚至比较放肆。

有的人在自己的上级面前从不敢"妄言"，在同一科室也不多说话，可是在自己的下级或所管班组面前讲话时则落落大方，侃侃而谈。有的则在一般人面前总是摆出一副能者的架势，可是一见到权威就显得十分驯服和虔诚。

因此，上下级之间的讲话，上级要尽量避免自鸣得意、命令、训斥、使役下级的口吻说话，应放下架子，以平易近人的方式对待下级。这样，下级才会向你敞开心扉。谈话是双边活动，只有感情上的贯通，才算得上信息的交流。

平等的关系，除说话的内容外，还通过语气、语调、表情、动作等体现出来。所以，不要以为是小节就不成问题，也不要认为纯属个人的习惯就不会影响上下级的谈话。实际上，这往往关系到下级是否敢向你接近。此外，上级同下级谈话时，要重视开场白的作用。不妨与下级先扯几句家常，以便使感情接近，打掉拘束感。

上级同下级说话时，不宜做否定的表态："你们这是怎么搞的？""有你们这样做工作的吗？"

在有必要发表评论时，应当善于掌握分寸。点个头，摇个头都会被人看作是上级的"指示"而贯彻下去，所以，轻易的表态或过于绝对的评价都容易失误。

例如一位下级汇报某改革试验的情况，作为领导，只宜提一些问题，或做一些一般性的鼓励："这种试验很好，可以多请一些人发表意见。""你们将来有了结果，希望及时告诉我们。"这种评论不涉及具体问题，留有余地。如上级认为下级的汇报中有什么不妥，表达更要谨慎，尽可能采用劝告或建议性的措辞："这个问题能不能有别的看法，例如……""不过，这是我个人的意见，你们可以参考。""建议你们看看最近到的一份材料，看看有什么启发？"这些话，起了一种启发作用，主动权仍在下级手中，对方容易接受。

下级对上级说话，则要避免采用过分胆小、拘谨、谦恭、服从，甚至唯唯诺诺的态度讲话，应改变诚惶诚恐的心理状态，活泼、大胆和自信。

下级跟上级的说话，成功与否，不只影响上级对你的观感，有时甚至会影响你的工作和前途。

跟上级说话，要尊重，要慎重，但不能一味附和。"抬轿子"与"吹喇叭"只会有损自己的人格，却得不到重视与尊敬，倒很可能引起上级的反感和轻视。

在保持独立人格的前提下，你应采取不卑不亢的态度。在必要的场合，你也不用害怕表示自己的不同观点，只要你是从工作出发，摆事实，讲道理，领导一般都会予以考虑的。

还应该了解上级的个性。上级固然是领导，但他首先是一个人。作为一个人，他有他的性格、爱好，也有他的语言习惯等。如有些领导性格爽快、干脆，有些领导则沉默寡言，事事多加思考，你必须了解清楚，不要认为这是"迎合"，这是心理学，要学会运用。

此外，与上级谈话还要选择有利时机。

上级一天到晚要考虑的问题很多。所以，假若是个人琐事，就不要在他埋头处理大事时去打扰他，而是应该根据自己的问题重要与否去选择适当时机反映情况。

与异性交往的沟通秘招

在异性交往中，很多人都希望你一言、我一语，双方配合默契，谈兴不减，其乐融融。其实，要做到这些并不难。要想与异性交往默契，需要融心理、社交、口才等知识技巧于一体。否则，与刚认识的异性交流，容易羞怯局促、紧张失措，连挤两句应酬话也生涩，平日的伶牙俐齿、妙语连珠都不知躲到哪里去了。只要掌握一些基本技巧，就能够在和异性交流时应付自如、相谈甚欢了。

1. 以对方感兴趣的话为题材

有这么一对恋人：男孩喋喋不休地谈论公司的事，而女孩除了从她亲热地握着男孩的手可以看出他们的热烈感情外，神态完全是一副无精打采索然无味状。一对热恋着的情侣，本应有着千言万语难诉衷肠的沸腾情景，就因为彼此谈话的内容不是双方感兴趣的话题而话不投机、冷冷清清。所以，聪明的人，在与异性谈话时恰到好处地选择生活中的趣事作话题，既可以消除彼此之间的距离，又容易产生共鸣，增加亲切气氛，比如选择一些比较轻松的日常乐事、校园生活的诗情画意等等。这些话题不但可以一下子就激起彼此的谈话兴趣，而且话题的外延广、内涵深，不至于大家刚唠了两句就没词了。

2. 激发对方交谈的兴趣

异性交往中，往往也会遇到一些不喜欢动脑筋的女子。当男子首先向她说话时，她会惜语如金似的仅用"是"与"不是"作答，无论你如何发问，她总是简单作答。遇上有一定社会经验的异性，自然会锲而不舍、耐着性子继续进攻下去，他相信，时间能慢慢地使陌生者变得亲切起来，甚至引出她有兴趣的话题，逐步改变"话不投机"的局面。

小高因为一篇市场调查报告，需要找微机操作员崔小姐查看有关资料，可看见崔小姐那满脸修女神情，小高就心虚发慌了。

稍定后，小高与她攀谈起来："崔小姐每天倒挺忙的啊！"

"对！"

"你操作微机如此熟练有些资历了吧？"

"不长！"

几个回合下来，崔小姐不但始终斩钉截铁般吝啬作答，而且脸上一直未解冻。于是小高转变谈话策略，"听办公室主任讲，我们单位有两个天使最出名，你猜是谁？"

"不知道！"崔小姐依然简单作答。

"好，我告诉你，一个是公关天使小陈，另一个就是小姐你呀！"讲到最后小高故意放慢语速说。

"他们叫我什么天使？"

小高见崔小姐终于活跃起来，又故意顿了顿，才说："叫你冷艳天使啊！"

"简直胡说八道，小高你看我像不像？其实……"

崔小姐的话茬子终于被激发了。小高面对冷若冰霜的崔小姐，在交谈近乎僵局无聊的情况下，抓住对方"冷艳"这个弱点，假借第三者的评说进行出击，这就造成了崔小姐内心尊严的一个致命伤，她为了维护自尊便连珠炮似的向小高辩说，并表明自己的热情、温柔和善良，从而在彼此的谈话中形成了一个和谐、愉快的回流。

2. 设法让女孩主动地引出话题

在许多社交场合，我们常常发现，当男女被介绍相识后，大多数女子除了可爱的矜持之外，都练就有保持沉默的功夫，将这先开口讲话的"活儿"奉献给男子去做。一般情况下，这态度和这礼仪是不大好的。女子由于生理和心理的敏感、细腻、脆弱等特点，在交往的范围和接触点上都显得比较隐秘、谨慎，是不可随意横冲直撞的。任何一位社交经验不太丰富的男子往往就被这种情形难倒，话在嘴边口难开。而如果女子主动与男子攀谈，那情形就迥然不同了。因为男子的生活环境一般比女子广阔，加之男子汉多是粗放型，注定要接受人生的摔摔打打、磕磕碰碰，干任何事情都不那么小家子气，因此向男子发出的话题就比较随意广泛，除了人格和自尊之外，偶有什么伤筋动骨的不恭之话题或言词，作为一个现代男子汉，应该是能够洒脱地淡然一笑了之的。所以在异性交往中，女子向男子主动抛砖以引其玉，男子会很热情地接招。

所以，异性间互相交谈，女性应该主动些，而男子应该设法让女孩主动地引出话题。

酒逢知己千杯少，话不投机半句多。无论如何，与异性交流并不是一件怎么难的事情，只要积极行动，就能挥洒自如。

妙用"花言巧语"

其实在与异性交往的过程中，妙用"花言巧语"，也可以收到奇效。

罗斯福是美国历史上极有声望的总统。在他尚未成为总统但事业正如日中天时，他通过使用"花言巧语"使自己同一些普通的女性保持着友好关系，并因此赢得了极大的声誉。

有一天，罗斯福到白宫去拜访总统夫妇，碰巧塔夫脱总统和他太太不在。他真诚喜欢卑微身份者的情形全表现出来了，因为他向所有白宫的仆人打招呼，他能叫出他们的名字来，甚至厨房的小妹也不例外。亚奇巴特写道：

当他见到厨房的欧巴桑·亚丽丝时，就问她是否还烘制玉米面包，亚丽丝回答他，她有时会为仆人烘制一些，但是楼上的人都不吃。"他们的口味太差了，"罗斯福有些不平地说，"等我见到总统的时候，我会这样告诉他。"

亚丽丝端出一块玉米面包给他，他一面走到办公室去，一面吃. 同时在经过园丁和工人的身旁时，还跟他们打招呼……

他对待每一个人，就同他以前一样。他们仍然彼此低语讨论事，艾克福眼中含着泪说："这是将近两年来我们唯一有过的快乐日子，我们中的任何人，都不愿意把这个日子跟一张百元大钞交换。"当然，罗斯福这么做绝不只是为了做做样子，而是发自内心的真诚的话语来表现自己。即使后来做了美国总统以后. 他依然还是如此细心、平等地对待女性，表达自己的"浓情蜜意"。实际上，这正是罗斯福异常受欢迎的秘密之一，甚至他的仆人都喜爱他。他的那位男仆詹姆斯·亚默斯，写了一本关于他的书，取名为《提奥多·罗斯福，他仆人的英雄》。在那本书中，亚默斯讲了一个富有启发性的事件：

有一次，我太太问总统关于一只鹌鸟的事。她从没有见过鹌鸟，于是他详细地描述一番。没多久，我们小屋的电话铃响了（亚默斯和他太太住在牡蛎湾罗斯福家宅的一栋小屋内），我太太拿起电话，原来是总统本人。他说，他打电话给她，是要告诉她，她窗口外面正好有一只鹌鸟，又说如果她往外看的话，可能看得到。

他时常做出像这类的小事。每次他经过我们的小屋，即使他看不到我们，我们也会听到他轻声叫出："呜，呜，呜，安妮！"或"呜，呜，呜，詹姆斯！"这是他经过时一种友善的招呼。

一名堂堂的大国总统，能对他身边的平凡的女性如此细心、关爱，适时地运用"花言巧语"，无怪乎他是那么受人爱戴。自然，那些正在为自己的理想或事业努力奋斗的普通男人，就更没有理由轻视身边的女性了。忽略了女人对自己事业的莫大助益，那将可能成为男人犯下的致命错误。每个男人都应当善用自己的"花言巧语"。

待人以诚的沟通技巧是人际沟通中的润滑剂，掌握了待人以诚的技巧，可以大大提升我们的沟通能力。因此，我们要学会通过真心的寒暄和问候、诚挚的交谈和赞美等方式，经常地、适时地与他人保持必要的情感沟通。

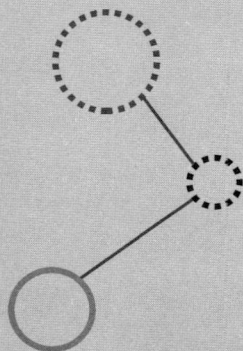

敢于承认自己的错误

具有高超沟通艺术的人都懂得道歉的重要性，而且往往都是勇于道歉的人。

在香港卡耐基课程任教的麦克·庄告诉我们，中国具有某些传统文化，但是有时候应用某些原则可能比遵守一项古老的传统更为有益。他班上有一位中年同学，多年来他的儿子都不理他。这位做父亲的以前是个鸦片鬼，但是现在已经戒掉了烟瘾。根据中国传统，年长的人不能够先承认错误。他认为他们父子要和好，必须由他的儿子采取主动。在这个课程刚开始的时候，他和班上同学谈到他从来没有见过的孙子孙女，以及他是如何地渴望和他的儿子团聚。他的同学都是中国人，了解他的欲望和古老传统之间的冲突。这位父亲觉得年轻人应该尊敬长者，并且认为自己不让步的是对的，要等儿子来找自己。

等到这个课程快结束的时候，这位做父亲的居然改变了看法。他说："我仔细考虑了这个问题。"戴尔·卡耐基说，"如果你错了，你就应该马上并且明白地承认你的错误。我现在已经做不到马上承认错误，但是我还可以明白地承认我的错误。我错怪了我的儿子。他不来看我，以及把我赶出他生活之外，是完全正确的。我去请求年幼的人原谅我，固然使我很没面子，但是犯错的是我，我有责任承认错误。"全班都为他鼓掌，并且完全支持他。在下一堂课中，他讲述他怎样到他儿子家里，请求和解以及得到了原谅，并且开始和他的儿子、媳妇还有终于见到面的孙子孙女建立起新的关系。

当我们对的时候，我们就要试着温和地、技巧地使对方同意我们的看法；

而当我们错了——若是我们对自己诚实，这种情形十分普遍——就要迅速而热诚地承认。这种技巧不但能产生惊人的效果，而且，信不信由你，任何情形下，都要比为自己争辩有趣得多。

别忘了这句古话："用争斗的方法，你绝不会得到满意的结果。但用让步的方法，收获会比预期的高出许多。"

所以如果你希望别人接纳你，请记住规则的第三条是：

"如果你错了，就很快地、很热情地承认。"

这种勇气并非人人具备，只有坚定自持、深具安全感的人能够如此。缺乏自信的人唯恐道歉会显得软弱，让自己受伤害，使别人得寸进尺，还不如把过错归咎于人，反而更容易些。

信守自己的每一个承诺

没有什么东西比失信对友谊产生更迅速更严重的破坏作用了。一个人，尤其是一名领导者，如果说话前言不对后语，言行不一，就会大大失信于人。有意或无意不履行自己的责任，也会使自己失信。

失信不但损害友谊，理所当然将大大破坏生意上的关系。人们首先要相信你，才会相信你的观点和你的产品。别人觉得你不可靠时，你的机会就会全面失去。

我们对信守承诺十分看重。我们认为这是一位沟通高手应该时时注意并实行的。

守信是一大笔收入，背信则是庞大支出，代价往往超出其他任何过失。一次严重的失信使人信誉扫地，再难建立起良好的互赖关系。

　　为人父母，应该要求自己绝不轻易对子女许诺。即使不得不如此，事先一定尽量考虑所有可能发生的变数与状况，避免食言而肥。唯有守信才能赢得子女的信赖，唯有信赖，才能让子女在关键时刻听从你的意见。

　　当然，偶尔也会有无法控制的意外发生，不过就算客观环境不允许，我们应依然勉力实践诺言，知其不可仍为之，否则也应该详细说明原委，请对方让自己收回承诺。

能够和他人坦诚相待

　　对于合作者或下属，我们不能采取欺骗手段或让他吃亏。有必要将周围的情况和自己的想法，全让对方知道。为此，我们应具有暴露自己一切的胸怀和无限的爱。

　　首先我们必须坦诚待人。应把自己的一切毫不保留地亮给对方看。然后，再请求对方，看是否能得到帮助。

　　如果我们在求助于人的时候，哪怕隐瞒了一件事，那么，对方在协助时恐怕就得盘算盘算。如果你把心掏出来给人家看了，人家也会发自内心地真诚协助。

　　然而，坦诚相待往往是需要勇气的，并非人人随时都做到。

　　几乎所有人际关系的问题，都源于彼此对角色和目标的认识不清，甚至相冲突所致。所以，不论在办公室交代工作，或在家中分配子女家务，都是愈明确愈好，以免产生误会、失望与猜忌。

　　对切身相关的人，我们总会有所期待，却误以为不必明白相告。以婚姻为例，夫妻双方都期盼对方扮演某些角色，却并不开诚布公地讨论，有些人甚至连自己怀抱着哪些期望都不清楚。对方若不负所望，婚姻关系自然美满，反之则否。

这种心理招致太多问题。我们总认为，关系既然如此密切就应有默契。其实不然。因此，宁可慎乎始，在关系开始之初，就明确了解彼此的期待，纵使需要投入较多时间精力，却能省去日后不少麻烦，这是一种必要的储蓄。否则，单纯的误会可能一发不可收拾，阻绝了沟通的管道。

坦诚相待有时需要相当的勇气，逃避问题，以为船到桥头自然直，是妄想，慎始终胜过事后懊悔莫及。

前联合国秘书长哈马舍尔德的一句话中对坦诚相待体会至深。他说："为一个人完全奉献自己，胜过为拯救全世界而拼命。"

这句话的含义是，一个人尽管在"外务"上多么了不起，却不见得能与妻子儿女或同辈相处融洽。因为为群体服务，远不及建立私人关系需要更多人格修养。

与人增进了解与信任

沟通高手建立不是一朝一夕的，它有一个感情长期积累的过程。沟通过程中，交往的双方也应该不断地存入增进彼此关系的因素。这样，两者的关系才会天长地久，良好完善。

那么，为了维护人际间良好关系，建立情感账户，双方应该经常存入一些什么东西呢？

能够增进感情的，是礼貌、诚实、仁慈与信用。这使别人对自己更加信赖，必要时能发挥相当作用，甚至犯了错也可用这笔储蓄来弥补。有了信赖，即使拙于言辞，也不致开罪于人，因为对方不会误解你的用意。所以信赖可带来轻松、直接且有效的沟通。粗鲁、轻蔑、威逼与失信，会降低感情账户的余额，到最后甚至透支，那时人际关系就得拉警报了。

信赖的基础，也就是说第一步，是认真地了解别人。

没有什么比得上了解和记住别人的情况更能产生积极效果的了。认真了解别人，是你关心别人的明证。这能创立一种良好而持久的关系。

历史上的最好例子是拿破仑·波拿巴与他的下属的关系。拿破仑叫得出手下全部军官的名字。他喜欢在军营中走动，遇见某个军官时，用他的名字跟他打招呼，谈论这名军官参加过的某场战斗或军事调动。他不失时机地询问士兵的家乡、妻子和家庭情况。这样做使下属大吃一惊，他们的皇帝竟然对他们的个人情况知道得一清二楚。

因为每个军官都从拿破仑的话和所提的问题中感到拿破仑对自己感兴趣，这就不难理解他们对拿破仑为什么那么忠心耿耿了。

《华尔街日报》最近发表了一家名叫"国际出发点"的调研公司所作的一项研究的结果。在对1.6万名公司主管人员的调查中，被列为"最有成就"的13%的主管人员对人的关心跟对利润的关心一样大。如果你想建立良好人际关系，你首先要关心与你打交道的人。

卡耐基在《人性的优点》中也谈到了解别人的重要性。他以深入浅出的例子为我们形象地说明了此点。下面是几个例子。

常常有人问李罗·乔治，当所有那些战时的领导人物——威尔森、欧蓝多、克里门索——被踢开和遗忘时，他为何仍然能掌握大权。他回答说，如果他的出人头地有任何理由的话，可能是因为他知道：要用适合的饵去钓鱼这个道理。有一天，爱默生和他的儿子要把一只小牛赶入牛棚。但他们犯了一个一般人都会犯的错误——爱默生在后面推，他儿子在前面拉。但那只小牛所想的只是它所要的，因此它蹬紧双腿，顽固地不肯离开原地。那位爱尔兰女仆看到了他们的困境——她不会著书立说，但至少在这一次，她比爱默生拥有更多关于牛马的知识。她想到了那只小牛所要的，因此她把她的拇指放入小牛的口中，让小牛吮着手指，同时轻轻地把它引入牛棚。

奥佛史屈教授在他那本启发性的《影响人类的行为》一书中说："行动出自我们基本上的渴望……而我所能给予想劝导他人的人——不论是在商业界、家庭中、学校里、政治上——最好的一个忠告是：首先，撩起对方的急切欲望。能够做到这点的人，就可以掌握世界。不能的人，将孤独一生。"

俄亥俄州克利夫兰市的史坦·诺瓦克提供了一个具说服力的例子。一天晚上他下班回家，发现他的小儿子第米躺在客厅地板上又哭又闹。第米明天就要开始上幼儿园，但是他不肯去。要是在平时，史坦的反应就是把第米赶到房间里去，叫他最好决定上幼儿园，其他别无选择。但是在今天晚上，他认识到这样做无助于第米带着好的心情上幼儿园。史坦坐下来想，"如果我是第米，我为什么会高兴地上幼儿园？"他和他太太就列出了所有第米在幼儿园会喜欢做的事情，如用手指画画，唱歌，交新朋友。然后他们就采取行动。"我们——太太、莉莉，我另一个儿子鲍伯，以及我——开始在厨房里的桌子上画指画，而且真正享受其中的乐趣。要不了多少时候，第米就在墙角偷看，然后他就要求参加。'不行，你必须先上幼儿园学习怎样画指画。'我以最大的热忱，以他能够听懂的话，把我和太太在表上列出的事项解释给他听，告诉他所有他会在幼儿园里得到的乐趣。第二天早晨，我以为我是全家第一个起床的人。我走下楼来，发现第米坐着睡在客厅的椅子里。'你怎么睡在这里呢？'我问他。'我等着上幼儿园。我不想迟到。'我们全家的热忱已经在第米心里引起了一种极欲得到的需要，而这是讨论或威胁恐吓所不能做到的。"

明天，你会劝别人做些什么事情？在你开口之前，先停下来自我设问："我如何使他心甘情愿地做这件事呢？"

这个问题，可以使我们不至于冒失地、毫无结果地去跟别人谈论我们的愿望。

认识别人是一切感情的基础。人如其面，各有所好。同一种行为，施行于某甲身上或许能增进感情，换了某乙，效果便可能完全相反。因此唯有了解并真心接纳对方的好恶，始可增进彼此的关系。比方六岁的孩子趁你正忙的时候，为一件小事来烦你。在你看来此事或许微不足道，在他小小心灵中却是天下第一要事。此时就得借助于准则二，来认同旁人的观念与价值，运用准则三，以对方的需要为优先考虑并加以配合。

一般人总习惯于以己之心，度他人之腹，以为自己的需要与好恶，别人也会有同感。待人处事若以此为出发点，一旦得不到良好的回应，便武断地认为是对方不知好歹，而吝于再付出。所谓"己所不欲，勿施于人"表面上看来，似乎是说，己所欲便要施于人。但我们认为，这句话的真谛在于——己所欲想为人所了解，就得先了解别人。

对朋友要有一份真心

一个善于交友的人，一定是个能为对方着想的人，不仅懂得"锦上添花"，更会"雪中送炭"。

俗话说，"人心换人心"，你若想别人关心尊重你，你就必须对别人也付出一份真心。

"朋友像一面镜子"，每一个人的眼睛都是雪亮的，因此，倘若想交到真正的好朋友，我们首先要正视的是：自己对朋友怎样？俗语说，"人心换人心""将心比心"，所以，你要是希望别人关心你、体谅你，就必须先对别人付出这一份真心。

也许你自觉对朋友很好，你请他们吃饭、喝酒，陪他们玩乐，请他们到家中时也奉为上宾。但是，这些并不能使朋友对你有深入的好感，也无法满足友情的需求，有时反而会加重朋友在应酬上的负担。

一个善于交朋友，关心、体贴别人的人，一定是个能为对方着想、欣赏对方、处处满足朋友需要、解决他们的困难，而又避免去麻烦对方的人。所以，要成为受欢迎的人物，不仅要能够"锦上添花"，更要懂得"雪中送炭""人心换人心"的艺术。有一句话常用来形容人事沧桑，我们拿它来解释朋友之间的相处之道，也颇合宜——"眼看他起高楼，眼看他楼塌了"，而不管他楼起、楼塌，是真朋友就长伴左右，绝不因对方的穷富而改变人情的冷暖。换言之，别人起高楼，你要有为他祝福、欣赏他能力的胸襟；当他时运不济时，你可别幸灾乐祸，而要以实际的行动安慰鼓励对方。

如果说，你能将关心、体贴的心意建立在这种风度上，你对别人的关心和体贴才是真心诚意的，而不是茶余饭后一声"吃饱了吗？累了吗"的虚伪应对，别人也才会以真心来回报你。也许，社交场合讲究的是方法、手腕，你不以为"关心与体贴"是最重要的，但是，别忘了古训"路遥知马力，日久见人心"这句话，只有真情才能历久弥新，使友谊的芬芳愈陈愈香。如果你始终以同样的一颗赤子之心与人相处，还怕没有朋友吗？如此久而久之，你就是社交场合中最受欢迎的"名人"了。

朋友交往真话最动人

真话与假话是相对立的，它会导致交友的两个不同结果，可以说获得朋友的信任，铸就自己的信誉，必须靠讲真话来赢得。而假话纵然能蒙蔽一时，但最终必将真相大白，那时说假话者只能处于一种窘迫的境地，友谊的大厦也必然颓然倾倒。

1. 说"真"话动人

说"真"话即用真挚诚恳的语言去打动对方的一种语言表达方式。这里的"真"不仅仅只是包括"真实"的意思，更重要的还在于要有"真情"。

真实、笃诚和真情是说"真"话时尤须注意的要素，以真实为铺垫、基础，以真情动人、以真情感人，才能达到说服对方的目的。

人是有情感的高级动物，情感是人的心理过程的重要组成部分，它是人对他人和外物是否符合自己的需要所产生的内心体验。这种内心体验具有情境性和直接性，情感的产生需要外界的刺激。在人际交往之中，饱含真情实感的言语是唤起情感的一种最具神力的武器。饱含真情的语言可以顺利促使双方产生情感共鸣，关系融洽，形成良好的交际氛围；可以较快地促使双方强化相应的感性认识，形成并巩固某种态度倾向和观念信仰；可以有力地推动人们将某种行为动机付诸实施，并为成功积极奋斗。

2. 讲假话无益

有些人不管什么情况都以说谎来解决，这种人可说是心态上已经有了病症。但是，不论如何，一旦开始了骗人的想法，就会一发不可收拾地继续下去，因为"谎言就像是滚雪球一样，愈滚愈大"。

一般人会以谎话连篇企图取得别人的信任，而且大多数人也都以为说谎没什么大不了的。虽然几乎没有人是真正的绝对诚实，但朋友之间切记不可欺骗对方。

说谎其实是最没效率而且最费事的行为。然而，要做到完全不说谎却又非常困难，这就是不容易的地方。

我们常听人家说"出家人不打诳语"，由此可以知道说谎是清修得道的障碍。

虽然每个人或多或少都说过谎话，而且要自许做到绝不说谎也的确不是件容易做到的事。然而，不管怎么说，朋友交往的时候还是要努力由内心做到不说谎，因为朋友相交最重要的前提还是要抓住对方的心。因此，朋友之间绝对不容许有背信的行为。当你对朋友说谎的时候，第三者正在冷眼旁观地看这件事，或许就因此产生了绝望的心情。因此，你虽然只是欺骗了朋友一个人，但感到你不诚实的人却可能包括其他人。你只要有欺骗的行为，人格就会遭到质疑，而且会迅速地散布到你周围的其他朋友。朋友是你费了好大的力气才得到的资产，却因为说谎而轻易地毁掉自己难能可贵的资产，这岂不是太愚不可及了？

有些人非常喜欢说大话，也常对别人大吹大擂地宣称某位社会名流是他的好朋友。当别人前来拜托他帮忙拉关系的时候，他又要制造出其他的谎言来自圆其说，结果却是一点儿忙也帮不上。这种人纵然是费尽心思要拓展自己的人际关系，但所能得到的成效却十分有限。

有时，你说假话即使并没有直接伤害到朋友，却已经破坏了自己的信用。即使有时不得不以无伤大雅的谎话来达到某一种目的，但对于朋友的交往只能产生负面影响。

与朋友交往，一定要谨记：假话害己伤朋友，唯有真话最动人。

与朋友谈笑自如的技巧

生活中，大概谁也没见过老是板着面孔说话的一对朋友吧！朋友间可以无话不说。在这样的交流中，友谊流淌着。

北宋时期苏轼和黄庭坚是以诗文闻名于世的一对好朋友。有一次，他们一起讨论书法，苏轼说："您近来的字虽愈来愈遒劲，不过有的地方却显得太硬瘦了，几乎像树梢绕蛇啊！"说罢大笑。黄庭坚说："老师批评一语中的，令人心折。不过，老师的字……"苏轼忙说："你干嘛吞吞吐吐的，怕我受不了吗？"

黄庭坚于是大胆言道：

"老师的字，铁画银钩，遒劲有力，然而，有时写得就像是石头压的蛤蟆。"话音一落，两人都笑得前仰后合。

古代艺术大师们在谈笑间互相磨砺，达到了互相帮助、互相促进的目的。

一天，郭沫若和茅盾这两位文学大师相聚了。他俩谈得非常愉快，话题很快转到鲁迅先生身上。郭沫若诙谐地说："鲁迅愿做一头为人民服务的'牛'，我呢？愿做这头'牛'的'尾巴'，为人民服务的'尾巴'。"听郭老说愿做"牛尾巴"，茅公笑了笑说："那我就做'牛尾巴'的'毛'吧！它可帮助'牛'把吸血的'大头苍蝇'和'蚊子'扫掉。"郭老看看茅公，说："你太谦虚了。"这两位文学巨匠围绕着鲁迅先生"牛"的比喻充分地展开联想，一个自喻为"牛尾巴"，一个自喻为"牛尾巴"的"毛"，谦虚地说明自己只是别人的一部分。这种方法既形象生动，又把两位艺术大师博大的胸怀表现得淋漓尽致。

有时，朋友之间产生了点小矛盾，开个玩笑，说句逗趣的话，比正儿八经说道理效果更佳。

老王和老张是一对好朋友，由于误会而产生了隔阂，有一段时间没有交往了。有一天，老王跑到老张家，进门便说："老张啊，我今天是来唱'将相和'的。"老张感到很不好意思，忙接过话头说："要唱'将相和'也该我'负荆请罪'啊！"两人在笑声中握手言欢。

试想，老王与老张若不用这种说笑式交谈，要驱除各人心中的云雾，该说多少话呀！而且效果未必有这么好。

所以说，说说笑笑，谈笑风生，是朋友间交谈的一大特色。友谊往往就在这亲密无间的说笑声中得到了升华。

在现实生活中，很多人认为自己笨嘴拙舌，很难与朋友谈笑风生。其实只要作一些必要的调整，完全可以做到。具体说来，有如下调整的方法。

1. 放下身份

不管是什么身份，如果想要受人欢迎，就得要放下身段想想看，谁会去接近一个成天紧绷着脸、眼睛长在头顶上的人。

2. 把话说得亲切点儿

话说得太高雅了，就会拉开距离。"嗨！穿得这么美干什么？要迷死人啊！"这句恭维话就比"嗨！你今天穿的衣服非常漂亮。"要来得亲切。

3. 偶尔装点儿疯卖点儿傻

没有人喜欢成天看一本正经的苦瓜脸，偶尔装点儿疯卖点儿傻，就算嘴里讲着歪理，也不会有人怪你，反而会跟着轻松起来插科打诨一番。

不仅是在朋友之间，如果夫妻、亲子之间也以这种方式相处，就会有一个甜蜜温馨，让人一下了班就想要赶回去的心哟！

4. 说起话来可别像老师上课

就算再有道理，也别把话说得硬邦邦，让人听了不舒服。在朋友之间说理，只要点到为止，别成天婆婆妈妈的，让人见了退避三舍。

5. 把热情拿出来，把诚恳写在脸上

朋友之间遇到麻烦需要有人处理时，尽管举起手来大声说："让我来！"时常打个电话问候一下，别在有求于人时才登门拜访，结结巴巴地说："无事不登三宝殿。"

只要你按以上方法进行调整，你就可以与朋友谈笑自如，尽尝友谊之果。

与朋友寒暄的多种方式

"人生得一知己足矣，斯世当以同怀视之。""戊戌六君子"之一的谭嗣同慷慨赴义前如是说。可见，有朋友的感觉真不错。现实生活中，大部分人都有自己的朋友。一旦成为朋友，很多人是用着的时候才想起朋友，用不着的时候就把朋友忘在了脑后。用这种方式对待朋友的结果，只能是日渐疏远，以致形同路人。其实，做朋友不能这样，应该时常联络，适时寒暄以增进情义。

寒暄并不仅仅是"早上好！""您好！""近来好吗？"等问候，它可以采取多种方式进行。

1. 夸赞的方式

当我们见到我们朋友时，可以自觉不自觉地夸他几句，这样能使他心花怒放，使友谊之花更灿烂。

2. 招呼、点头的方式

如果我们在去上班或上课途中，时间比较紧张而碰到朋友时，简单招呼一下，叫一下他的名字或微笑着向他点一下头也是很好的方式。

3.询问的方式

有时候，我们遇到朋友时，可以根据他当时的神情、着装、情绪状态揣测一下对方的行为动向，并抱着关切的态度询问一下。

4.开场"的方式

也许"开场"才是寒暄最初的用处。当我们要和别人商谈某事，或参加一个非正式会议遇上别的公司的董事、经理，或是和异性初次约会时，为了避免初次见面时的陌生感而不知如何开口，或为了缓解正式场合的紧张气氛，我们可以先谈些与正事无关的彼此熟知的话题，如天气、社会风气等。当我们与朋友以此方式交往时，可以永葆新鲜，谈兴更浓。

上面这些寒暄方式是最基本的。除了这些，还可以凭自己的经验，根据不同的情境想出一些寒暄的方式，借以达到融洽关系的目的。寒暄看似简单，但要真正恰到好处地运用，充分发挥其作用，也要花点工夫。寒暄时应注意以下几点：

（1）一定要积极、主动、爽朗地向人寒暄。记住，不论对任何人，你都得做到这一点，而且最好附之以和善的微笑。这样会很快得到回礼或回应。

（2）根据不同的对象、不同的场合采用不同的方式。对特别熟悉的朋友，也要大大方方地问好，或关切地询问对方最近的学习、工作情况，尽管可能是无意间的寒暄，但这一瞬却成了较好的思想交流的时刻，同时你们之间的情义也更深了。

（3）注意寒暄时的表情和姿势。寒暄时最好配以笑脸，对久别重逢的好友可上前握手、拥抱，要和对方的目光接触。如果行礼时，一定要挺直上身，以优美的姿势使你的寒暄更有效果。

总之，与朋友交往应注意不时寒暄，使友谊之树常青。

第 **7** 章
掌握以情
动人的
沟通方式

与情人相处是一门美妙的艺术，需要悉心体会，认真揣摩。只有谈得惬意，说得圆满，才能赢得最真挚的爱意，才能让两颗心灵在甜言蜜语的沟通中撞出爱的火花。

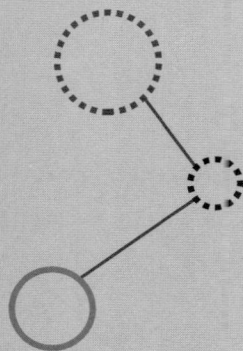

制造一点小小悬念

当青年男女暗自的感情发展到目标确定、情意执着的时候，不妨先制造一个悬念，有意在对方的心中树立一个无形的"横刀夺爱"的"第三者"，造成一种欲爱不成，欲割难舍的紧张、矛盾心态。然后，突然使对方恍然大悟，实现爱的转折，将爱情推向一个新的深度。

马克思在向燕妮表白爱情时，就是成功使用这种方法的。他对燕妮说："燕妮，我已经爱上一个人，决定向她表白爱情。"燕妮心里一直爱恋着马克思，此时不由一愣，急切地问："你真爱她吗？""爱她，她是我遇见过的姑娘中最好的一个，我将永远从心底爱她！"燕妮强忍感情，平静地说："祝你幸福！"马克思风趣地说："我身边还带着她的照片哩，你想看看吗？"说着递给燕妮一只精致的小匣子，燕妮惴惴不安地打开后，看到的是一面小镜子，镜子里的"照片"正是燕妮本人。马克思有意在燕妮大海一样的深情中掀起波浪——制造紧张局势，让深爱着他的燕妮在惊讶中误以为他另有所爱，当他察觉出燕妮因失去自己而显得痛楚、失落的神情时，又及时诱导她解开悬念，打开装"照片"的匣子，镜中人就是自己。一场虚惊恰恰表现了马克思表达爱情的独特方式。

曲折含蓄，不显山露水

如果你的心上人的文化素质与领悟能力比较强，那么你可以不显山不露

127

水，把你的情感若隐若现地包含在彼此的谈话中，使他在咀嚼之余，倍感爱情的神秘与甜蜜。

有一位小伙子在参加散文大奖赛中获头等奖，得了一台微波炉。他把这个消息告诉心上人时，说："我终于有了自己的微波炉．是散文大赛头等奖的奖品哩！"姑娘也兴奋地说："那我祝贺你！""这样庆贺太没劲了，咱们搞个家宴，怎么样？"小伙子提议。"可以呀！""可是我不会做菜，没有主人操作，怎么办？"小伙子显得为难起来。"我可以试试呀！"姑娘毛遂自荐。"那敢情好，我如果能经常吃到你做的菜，那该多好啊！""只要你不嫌我做得蹩脚，我答应你就是了！"小伙子用奖品作话题，以做饭为主线，绕了一个大圈子，终于巧妙地将彼此的谈话导入表情达意的"正常轨道"，仿佛是在不经意之间，就敲定了一桩婚事。

大胆地直抒胸臆

直抒胸臆是指有些人表达爱情十分简明直率，不虚伪造作，大胆而毫无保留地向对方倾吐自己的感情，宛如那潺潺的小溪，汩汩而流。一般而言，性情直率、表达思想感情喜欢开门见山的人宜采用此法。显然，对于交往比较深，有一定的感情基础，或者两人已经互相倾慕，只需"捅破那层纸"的双方来说，直抒胸臆表达爱情很省力，也别有一番趣味。列宁向克鲁普斯卡娅求爱时就直截了当地说："请你做我的妻子吧！"而一直爱慕列宁的克鲁普斯卡娅也回答得很干脆："有什么办法呢，那就做你的妻子吧！"列宁的真爱言简意明，感情诚挚，给人难以拒绝的力量，同时，也让克鲁普斯卡娅清清楚楚地看到一个忠诚的内心世界，从而很容易使双方激起爱的涟漪。

添加一点诙谐幽默

将神圣的爱情寓于俏皮逗趣的说笑中，让对方不知不觉地体会你的心思，你在"幽"他一"默"的情态中完成一次"试探"，既不显得羞怯，又不会出现难堪的场面。

黎夫陪筱卉到商厦买东西，他为了在筱卉面前玩潇洒，显"派"而取悦她，对售货员指东喝西，最终一件东西也没买，为此惹怒了售货员，双方唇枪舌剑。当黎夫处于无理的劣势之时，筱卉站出来从中周旋，为他挽回面子。黎夫很感动地对她说："人们常说'英雄救美人'，今日倒好，成了'美人救狗熊'，我真该好好感谢你才是啊！"筱卉止住笑，俏皮地追问："好啊，看你怎么谢我呀？""我送你一件最珍贵而稀有的礼物，不知你喜不喜欢？"黎夫显然已成竹在胸．献殷勤般地调侃。"说出来看看吧！""我把我自己赠送给你，接受不接受哇？"黎夫巧妙地拿自己开涮，已使筱卉充分感受到了他的风趣睿智。好戏就这样上演了。

画龙点睛烘托气氛

画龙点睛是指彼此心有期许，往往又飘忽不定，犹豫不决，爱恋的一方借助某种氛围和物质的烘托，将爱情推向"白热化"。

剑鸣只差一步之遥就能获取阿佳的芳心，可阿佳近来对他表现出不友好的神情。剑鸣着实乱了方寸。情人节这天，本想买束花送给阿佳，可花市鲜花告罄，于是他直奔乡下花圃。当他抱着一大捧鲜艳的红玫瑰正要献给在公园门口等自己的阿佳时，被一群囊中有钱，手上无花的俊男倩女拦住，出20元买两束。剑鸣灵机一动，不无得意地大声说："按说，我有这些'鲜花'，卖你们两束也可以，可是，这是我特意从花圃采来献给我的天使的，花儿代表我的心，此花只属阿佳一人！"阿佳顿时陶醉在一片羡慕声中。剑鸣通过赠花，将对心上人的情感在大庭广众之下进行渲染，既表现了他对阿佳爱情的赤胆忠心，又使阿佳在大家面前风光了一回，自尊心得到了极大的满足。难怪阿佳当众送他一个火热的吻！

借题发挥传递情意

借题发挥是指巧妙地将情感蕴含在并不直露的言语中，借用某一事物或人物等形式，小题大做，把绵绵之情传递给对方。比如，为发展彼此的关系，可利用双方的共同爱好，经常交换、推荐好书读。在一借一还，借借还还之中，爱情的种子开始发芽。

一天，翎问菲他新买回而自己尚未看的一本书，菲深情地对翎说："我借别人的书，总是很快就读完，而你借给我的这本书，怎么也读不完，可能要读一辈子，你是愿意伴我读完呢，还是让我割舍不读呢？"结果可想而知。

总之，向心上人表达爱情，是一种最甜蜜、最伤神、最微妙的情感活动，但只要你张开"金口"，把握好性别角色、情感浓度，发扬大胆主动，锲而不舍的精神，就一定能拥有甜蜜永久的爱情。

大胆说出"我爱你"

上帝造了一个亚当，又捏出一个夏娃，自此有了男欢女爱。亚当只有一个，夏娃也只有一个，他们都是为对方特意准备的。在这个世界上，你只有一个，但那个她无数，这个她周围还有无数他。当这个他围着她转时，她就可能随他而去，你也就失去她。虽然她有无数，但所有的她都是如此。有多少人由于自己的怠惰，由于自己的腼腆而失去了与"她"同在的机会，饱尝孤寂。

读过《钢铁是怎样炼成的》的人，无不为保尔·柯察金和丽达的阴差阳错而感到惋惜。保尔悄悄地爱上了丽达，但丽达是他的上级，能力出众，保尔只能把爱偷偷埋在心里。由于一次误会，使得他终于离她而去。

许多年以后，两人不期而遇，通过促膝长谈，两人消除了误会。经过了风霜雪雨，保尔得到很大的发展，他觉得现在自己在各方面配得上丽达，终于鼓起勇气向她表白多年的爱，可丽达的回答却出乎他的意料："晚了，我的牛虻同志！"

爱情这一异常迅猛强烈的情感特别需要有外界的反应。现实生活中，由于不敢及时表白而错过爱情的事例不少。当然也有懒汉娶仙妻的例子，那是由于懒汉在追求爱情时敢于表露自己的钟情，同时有一种执着的憨劲，因为烈女也怕缠。

当你的心里升起爱意时，不要犹豫，不要彷徨，而应该在适当的时候，向自己心中钟情的他（她）大胆、果断、坦率地说出"我爱你！"机不可失，时不再来！如果你没有这个勇气，浪费了上帝为你准备的这三个字，你只能孤独地走完你的人生旅程，使世界少了很多光彩。

用幽默来催化爱情

爱情需要感情做基础，感情的培养同说话有密切的联系。谈情说爱就着重于"谈、说"二字。如果能采用幽默的语言，对于爱情的获得不无好处。尽管幽默的力量不可能叫别人对你一见钟情，但是它确实对你大有裨益。无数事实证明，男女之间互相怀有好感，长出了感情的幼芽，能否使它健康地生长，直到开出花朵，结出果实，如何浇灌语言之水是其中一个重要的因素。

你有良好的口才，有利于感情的表达和交流，你就能更好地掌握爱情几个阶段的"火候"。如果你能发挥幽默力量的作用，更能使你的爱情语言妙趣横生，进展顺利时更加甜言蜜语；磕磕碰碰时开个玩笑，逗逗乐趣，化干戈为玉帛，和好后感情会胜过当初。假如口才不济，有"情"不能谈，有"爱"不能表，久而久之，已萌发幼芽的爱情便会枯萎。请看一则"找绳子"的幽默：

小青姑娘交上了一位胆怯、寡言的男朋友，他的名字叫李逊，他常去找她，很想接近她，但又没有勇气向她求爱。小青喜欢他的诚实，但又清楚地知道他的弱点。一个月儿当空的夜晚，万籁俱寂，他和她在小河边的柳树下坐着，为了打破僵局，小青想法子要给他一个亲近的机会。

小青："有人说，男子手臂的长度等于女子的腰围。你相信不？"

李逊："要不要找根绳子来比比看？"

"谁要你找绳子！"小青生气地责怪。

"你不是要量腰围吗？"李逊不解地问。

　　这位李逊，也确实太老实巴交了。现代青年的思想充分活跃，婚姻全是男女青年谈情说爱的结果。那种男女结合要凭媒妁之言、父母之命的时代已经一去不复返了。婚姻由长辈包办代替，当然不费青年男女的口舌，口才高低丝毫不起作用，更谈不上语言的幽默了。如今自由恋爱，只有通过"交谈"，才会有"恋"有"爱"，而语言的幽默、口才水平的高低都显现出举足轻重的作用。它能增添或削减你的魅力，促使你恋爱成功或失败。现代生活是丰富多彩的，而当代青年也是性格多样的，如果从语言幽默感的角度来观察，可以发现不少青年人在恋爱中语言的使用还存在着一些问题。

　　实际生活中，有这样一些青年，总以为只有甜言蜜语才能表达爱情，才够甜，才有味，于是就生搬硬造，结果却适得其反，弄巧成拙，显得感情不真实。如一位小伙子给女朋友写信，信中写道：

　　"我爱你爱得如此之深，以至愿为你赴汤蹈火。星期天晚上如不下雨，我一定去找你。"

　　还有的青年沉默少语，他们认为"会捉老鼠的猫不叫"，"会叫的鸭子不下蛋"，反正我真的爱她，话说不说、怎样说都无关紧要。《天仙配》中的董永傻乎乎的不善说话，美貌的七仙女不也看上了他吗？他们甚至认为，同恋人见面，还是少说为佳。现代青年还有这种认识，岂不可笑。

　　真心地爱一个人，就必须在任何时候、任何事情上都讲"真话"，不能有丝毫的隐瞒和做作，这种观点自然是对的。但当涉及到对方的不足之处和自己对对方不足之处的评价时，就要坦率与委婉相结合，直言与婉言兼而使之。

　　有位小伙子和一位美貌的姑娘互相爱慕着，小伙子肯学习，很有上进心，就是个子较矮，在这点上，小伙子有点自卑感。他有意直接问姑娘："男子要身材高大才有魅力，你认为是吗？"

"是的。"姑娘点头。

于是，小伙子对姑娘就避而不见，两人终于分手了。

爱情是人类发自心灵深处一种纯真美好的东西，因此必须用美好的语言来歌颂它，来表达它。如果两人互相爱慕，相亲相爱，只是因为语言的缘故影响进一步沟通，导致感情中断或破裂，实在令人惋惜。欲使爱情步步高，就用幽默来催化。我向青年朋友们建议，学习运用幽默的语言，增强谈情说爱的技能。

言语间多放点"蜜"

男女相处的时候，有时甜言蜜语非常受用，尤其是爱侣已到了接近谈婚论嫁的阶段，不妨大胆些，在言语间多放点"蜜"。沐浴在爱河中的人，是不用客套字眼的。任何海誓山盟，"爱你爱到入骨"的话也可以说，不必怕肉麻，除非你并不爱他。与他久别重逢时你可以讲：

"好像在做梦，多么希望永远不要清醒。"

你以充满爱意的眼神望着他："总是惦念着你！别的事我一概不想……我的感觉，好像一直跟你在一起。"

这是"无法忘怀、时时忆起"的心境，只要谈过恋爱的男女，一定有此体验。除了他以外，任何事都不放在眼中，总是想念着他。上面那句话不用怕羞，可以反复使用。相爱之初，热烈的甜言蜜语绝对不会使人感到厌烦，也许还认为不够呢！

"你喜欢我吗？"你不妨大胆地问他。

"说说看，喜欢到什么程度？"或用这样的语气追问。

"请你发誓，永远爱我！"甚至你单刀直入地这样对他撒娇说。

"世界是为我们而存在，对不对？"

"你爱我，我可以抛弃一切！你也是这样？爱就是一切。"

"你不会违背我吧？如果你抛弃我，我会寻死！"

还有许多甜蜜的爱语。有很多女性使用如此甜蜜的词句接二连三地向男性表示"永远不变的纯真爱情"，女性便会沉浸在自我陶醉之中，而男性的反应也会是积极的。可如果他说：

"我发誓，我永远爱你一人。纵使海枯石烂，爱情也永不变！"

男性若能够这么流利地说出这些话来，一定表示他并不重视你，因为他可能对任何女性都这么说。

普通男性会说："又来了！"感到畏缩与失望，口中哼哼唧唧无法明确回答，心中还想着其他的事，譬如音响需分期付款……

"对永恒不变的爱无法负责。"事实上，这才是男士的真心话。

当然，在爱情上"我爱你"的言辞用得过多，未免有庸俗之感，倘若你换用"我需要你！"就显得有实际的感觉。"需要"与"爱"所表现的感受，对男性而言，似乎前者胜于后者。

男性在社会活动中，喜欢被人发现自己的存在价值。恰当地运用甜言蜜语，可以使两人之间的爱情温度逐渐升高。然而这样的话只能用两人听得到的声音互相呼应，如果在许多朋友面前忘形地谈笑，周围的人会感觉很扫兴，还会恶心。"怎么了？愁眉苦脸的熊猫，明天工作一定会顺利进行的，提起精神，振作些吧！"你选用这样开朗的称呼与安慰。这时他会回答："我是愁眉苦脸的熊猫，那么你是花蝴蝶？”

甜蜜的称呼也会在两人之间产生情意的相投。他的心理逐渐恢复开朗，感觉到你赐予的爱情温暖。

当你与恋人聚首时，言语间多放点“蜜”，一定会使你们的恋情甜如蜜。

用悄悄话来表达爱意

古人很早就发现声音和人的感情相联系。《乐论》中说：“凡音之起，由人心生也……其爱心感者，声音和以柔。”恋爱双方都有一种羞涩心理，这种心理集中体现在爱的隐蔽性上，反映在言语上必然是带着亲切柔和音色的轻言细语。唯有轻言细语，才能表达依恋、倾心的微妙感情；唯有轻言细语，才能体现温柔、抚爱；唯有轻言细语，才能把双方带进一个共同拥有的温馨世界。试想想，如果你提高嗓门对恋人说：“我们去看电影吧！”“今天过得真愉快！”对方一定会认为你是没有修养的、粗野的傻瓜。这样的人，谁还会爱他（她）呢?

有一对恋人约会，男方迟到了，女方噘着嘴老大不高兴。小伙子见此情景笑了笑，然后不急不忙走到女方身旁，对她说：“我今天有一个重大发现。”姑娘不做声，投来疑惑的眼光。小伙子赶忙上前一步附在姑娘身旁小声说：“我告诉你一件事，请你保守秘密。我今天发现——你是多么爱我。”一句轻声细语的悄悄话，姑娘脸上“多云转晴”，漾起了幸福的微笑。

恋爱双方拥有一个不为外人“开放”的神秘世界。在这个世界里，悄悄话有其特殊的表达效果。悄悄话所传递的爱的信息比大声说话更为强烈。而这，只有在热恋中的情人才能深深感受到。当双方陶醉在爱的漩涡中时，当产生了一点小误会或是有点小意见时，你若在他（她）耳旁说上几句悄悄话，双方一定会感到无限幸福，误会和意见也顿时烟消云散。有人说悄悄话是沟通双方的"秘密通道"，这是一点不假的，打开这个通道，使爱得到交流，你就可以成为世界上最幸福的人。

向情人道歉的技巧

　　人非圣贤，孰能无过？有过就要道歉。人非草木，岂能无情？该原谅时就原谅。剃头挑子一头热便不能成事，两个巴掌相交自然一声脆响。恋爱之中也要学会道歉和原谅。

　　道歉与原谅就像飞鸟的双翼，没有它们，爱情就无法飞翔；道歉与原谅就像人的左臂右膀，没有它们，人生之路将黯淡无光。道歉与原谅是相辅相成的。当一方勇于道歉时，另一方要原谅就很容易；当一方常常心胸宽大地原谅对方，对方自然愿意诚心地道歉。如果一个人知道自己不会被原谅，他就不会有道歉的勇气；如果一个人总是不肯原谅他人，他永远不会得到别人的道歉。以下是几点有关道歉和原谅的建议：

　　1. 先说你很抱歉

　　当你先说你很抱歉的时候，简短地向对方说你抱歉的原因，不要做任何解释，越简短效果越好，越能得到原谅。

　　2. 认真倾听她的反应

　　当你说抱歉，表示你关心对方的感受，愿意听对方表达自己的感受。一旦对方表达完了，千万不要想解释或争辩。如果对方还有更多话要说，就让他说个够。只要你尽力而为就好，一时的忍耐可以避免几个礼拜的不愉快。

当然，对方在发泄完后，也会原谅你。

3. 用负面形容词进行解释

当你犯错了，请记得用负面形容词描述你所犯的错。人心都是肉长的，当你自知错处，必定搔到对方的痒处，得到原谅。以下是几个以负面形容词描述的男人向女人道歉的例子，看看女人是怎样原谅的。

男人："很抱歉，我迟到了，我真是太不体贴了。"

女人："没错，你真的很不体贴。既然你知道我的感觉，我心里就好过多了。只要不是每次都迟到就好。你不需要凡事完美，只要你有想到我在等你就好，没什么，我应该原谅你。"

男人："我很抱歉说了不该说的话，我太冲动了。"

女人："你太冲动了，所以根本听不进我说的话。我想我也有错，你至少是在乎我，所以试着听我说话，我应该原谅你。"

在以上几个例子当中，男人用几个负面形容词：不体贴、容易生气的。女人对于男人用这些形容词来道歉永远不嫌烦。就像男人听到"谢谢你，很有道理，好主意，感谢你的耐心……"也永远不嫌烦一样。

恋人之间，只要肯道歉或原谅，就会互敬互让，迎来甜蜜的春天。

第8章
掌握领导有方的沟通方式

同样是领导，在和人沟通的时候，有的人讲话分量重，有的人讲话分量轻，这就是沟通方式所造成的差异。因此，采用什么样的沟通方式，对一个领导者而言十分重要。

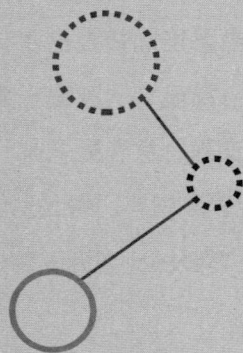

懂得沟通才能获得威望

据调查显示，列举的各类受尊重和有威望的领导中，和蔼可亲、平易近人是共同的特点，接受调查的人百分之百持这种看法。坦率真诚，向下级善意地表示接近的良好愿望，使下级感到受尊重、被重视，不仅会激发下级的积极性，还使大家对领导的思想修养、工作作风、领导意图有所了解，下级对上级习惯性的心理距离由此逐渐缩小，领导的威望自然应运而生。

1. 给下级最大的礼遇

谁都希望自己的价值被认识肯定，才干得以发挥。知人善用，任人唯贤，了解下属的长处与弱点、爱好和脾性，不求全责备，用其所长，略其所短，充分发挥他们的聪明才智，是领导者对被领导者的最大礼遇。

2. 关心下属也是修养

领导者对下属的关心，不能看成仅是工作方法。关心他人与否能反映一个领导者的道德、情感、修养。优秀的领导者即使工作再忙，也抽出时间来与被领导者聊聊天，了解大家的生活情况、思想情绪、遇到的实际困难，必要的给予帮助；自己的工作、生活有哪些忧愁烦恼、收获快乐，也不妨吐露，使别人了解。即便是无目的地闲谈，也可表示与下级融为一体的意愿，从而使上下级之间的心理距离缩短，下级会把上级当做朋友来信任，相处起来便无多少隔阂。

3. 会表扬更要会批评

褒贬一个人，极易引起对方思想和情绪上的波动，而这种反应依褒贬者的方式方法和被褒贬者的荣辱观及当时的情境不同，会产生不同的效果。恰当的表扬与批评，引起的心理反应将是积极的。一般来说，表扬会强化人的积极行为，批评会强化人的消极行为，表扬与批评的动机不纯或方法不当，效果可能会与愿望相反。

4. 不分亲疏同等对待

个人交往，难免有亲疏之分，有的脾性相投，有的话不投机，但将私交中的亲疏关系掺进上下级关系中，就会破坏上下级关系。作为领导者，一方面代表他个人，一方面又代表一定的权力机构，在上下级关系中也表现出亲疏，就会有失公正，伤害一部分人。无论下级与自己个人感情亲近与否，私人和工作中的关系怎样，是否反对自己，都要在工作上给予一样的支持，生活上给予一样的关心。有些领导喜欢迎合讨好者，讨厌爱提意见者，殊不知，前者往往抱有个人目的而非出于对领导的尊重，后者则大多出于公心想帮领导者把大家的事办好，当然不一定非对前者严加斥责，委婉地给予回绝则很必要。

5. 给下级一种安全感

工作时胆战心惊，唯恐哪一天触犯领导，或者有了错误承担不该承担的责任，被这种心态笼罩的下级，工作积极性不会很高，上下级之间的人际关系也不会融洽。

当下属在工作中遇到挫折失败，特别是这种挫折失败由客观原因造成时，领导者应勇于承担责任。将责任全部推给下级，甚至自己的责任也找"替罪羊"，这样的领导会失去群众，谁也不会愿意在他的手下干事。对顶撞过自己，反对过自己，甚至犯过错误的下级怀恨在心，或者嫌弃、给小鞋穿，有失领导者的风度，也会给下级造成不安全感。宽容、谅解，体现了一个人的高度修养，也有利于取得信任、尊重。若能虚心听取下级意见，重视采纳合理的建议，对不尽正确的意见也抱欢迎态度，会增进上下级之间的了解，消除隔阂，增加领导威望。

掌握与下属沟通的方法

1. 激发员工讲话的愿望

谈话是领导和员工的双边活动，员工若无讲话的愿望，谈话难免要陷入僵局。因此，领导首先应具有细腻的情感、分寸感，注意说话的态度、方式以至语音、语调，旨在激发员工讲话的愿望，使谈话在感情交流的过程中完成信息交流的任务。

2. 启发员工讲实话

谈话所要交流的是反映真实情况的信息。但是，有的员工出于某种动机，谈话时弄虚作假，见风使舵；有的则有所顾忌，言不由衷。这都使谈话失去意义。为此，作为领导者一定要克服专制、蛮横的作风，代之以坦率、诚恳、求实的态度，并且尽可能让对方在谈话过程中了解到：自己所感兴趣的真实情况并不是奉承、文饰的话，而是要消除对方的顾虑或各种迎合心理。

3. 利用一切谈话机会

谈话分正式和非正式两种形式，前者在工作时间内进行，后者在业余时间内进行。作为领导，也不应放弃非正式谈话机会。在无戒备的心理状态下，哪怕是片言只语，有时也会有意外的收获。

4. 利用谈话中的停顿

员工在讲述中出现停顿，有两种情况，须分别对待。第一种停顿是故意的，它是员工探测一下领导对他讲话的反应、印象，引起领导作出评论而做的。这时，领导有必要给予一般性的插话，以鼓励他进一步讲述。第二种停顿是思维突然中断引起的，这时，领导最好采用"反响提问法"来接通原来的思路。

5. 抓住主要问题

谈话必须突出重点，扼要紧凑。一方面，领导本人要以身作则，在一般的礼节性问候之后，便迅速转入正题，阐明问题实质；另一方面，也要员工养成这种谈话习惯。要知道，多言是对信息实质不理解的表现，是谈话效率的大敌。

6. 掌握评论的分寸

在听取员工讲述时，领导不应发表评论性意见。若要作评论，应放在谈话末尾，并且作为结论性的意见，措辞要有分寸，表达要谨慎，要采取劝告和建议的形式，以易于员工接受。

7. 适时表达对谈话的兴趣和热情

正因为谈话是双边活动，一方对另一方的讲述予以积极、适当的反馈，能使谈话者更津津乐道，从而使谈话愈加融洽、深入。因此，领导在听取员工讲述后，应注意自己的态度，充分利用一切手段——表情、姿态、插话和感叹词等——来表达出自己对员工讲话内容的兴趣和对这次谈话的热情。在这种情况下，领导者微微的一笑，赞同的一点头，充满热情地喊一个"好"字，都是对员工谈话的最有力的鼓励。

8. 克服最初效应

所谓最初效应就是日常所说的"先入为主"，有的人很注意这种效应，并且也具有"造成某种初次印象"的能力。因此领导在谈话中要持客观、批判性的态度，时刻警觉，善于把做给人看的东西，从真实情形中区分出来。

9. 克服自己，避免冲动

员工在反映情况时，常会忽然批评、抱怨起某些事情，而这在客观上又正是在指责领导。这时领导要头脑冷静、清醒，不要一时激动，自己也滔滔不绝地讲起来，甚至为自己辩解。

实事求是，措辞适当

下级在工作中完成了目标，取得了成绩，就应给予适当的肯定和表扬，但如何把握其中的度，则应予以考虑。如果不适当地高估下属的成绩，人为地赋予成绩本身不具有的意义，乃至流于庸俗地捧场，那就会产生一系列负面作用；会使受肯定和赞扬的下级产生盲目自我陶醉的情绪，以为自己的成就真的具有那么高的意义和价值，损害了励精图治的开拓意图；会使其他下级产生不满情绪，对人为树立起来的名不副实的样板，同事们会从不服气到猜忌，进而产生厌恶感，不仅不能起到示范作用，反而影响下属之间的团结；会使下级中间滋生不务实、图虚名的不健康风气，当下级看到小有成就也可得到极高的赞扬，便会动摇脚踏实地、孜孜以求的信心，难免产生浮夸、造假、沽名钓誉、邀功讨赏，从而使本来作为一种激励手段的表扬异化为下级心目中的目的，其本来的意义被极大地扭曲。因此，肯定和表扬下级的语言，决不可套用滥调，任意拔高，"惟陈言之务去"应当是一条基本要求。

真诚恳切，具体深入

美国著名心理学家威廉·詹姆士说："人类本性上最深的企图之一是希望被赞美、钦佩、尊重。"渴望被肯定是每一个人内心中的一个基本愿望。所以，当我们生活在社会当中，要想在自己身边形成一种善意和谐的气氛，就应当努力寻找别人的价值，并设法告诉对方，这也正是肯定别人的意义所在。

适时适当地表扬下级，也正是基于这样的目的。

值得重视的是，这种赞美和表扬只有发自肺腑的情真意切之辞，才能发挥出最大的效力。虚伪与委婉，不着边际地套用一些溢美之词，难免产生负面作用。但在现实生活中，有些领导者对下属所取得的出色成绩和表现出的不俗才华往往抱有一种极其微妙甚至阴暗的心态，比如害怕优秀的下属会危及自身的地位，对与自己意见相左的下属的缺点缺乏宽容，不肯承认其成就；或者低估下属的能力，一旦他们卓有成就便莫名惊诧，难以接受。

凡此种种，都会使得领导者在赞扬下级时不能做到真诚恳切，而是言不由衷；不是"情动于中而形于色"，而是味同嚼蜡，起不到增进交流、沟通心灵的作用。而作为下属来说，一旦从领导者的赞语中感觉到领导并不因为其取得的成绩而由衷地高兴，甚至还带有妒忌、猜疑时，无疑会使其积极性受挫，难以在今后的工作中投以百分之百的努力。所以作为领导者，必须克服这种心理，一是在事情上认识到已然的和未然的不可分割，该肯定的成绩就应该及时肯定，不能过河拆桥；二是在情感上推己及人，把下属的成功看做自己的成功，把自己的喜怒哀乐和下属的喜怒哀乐熔铸在一起，只有这样，才能对下属的成绩产生由衷的高兴，发出真诚的赞扬。

全面分析，扬长论短

老子云："声一无听，色一无文。"下属取得了成绩固然可喜可贺，但单一的强调成绩往往不能起到增进认识的作用，而且还有可能滋生下属的骄傲自满情绪。事实上，正如瑕瑜互见的道理一样，任何长处都与某种短处相连，绝对肯定和绝对否定一样都是有害的。领导越是在常人不易察觉之处独具慧眼地发现下属的长中之短，那么领导的威信和可信赖度就越高。而在表扬的同时给予适当的意见，既会使下属在心理上更容易接受，又使赞扬的话语显得刚柔并济。某经理在其辖区内通过积极工作争取到一批新客户，成绩斐然，但是与此同时，一批老客户正悄悄流失却未曾引起他的重视。总经理了解到这一情况之后，把他叫进办公室说："××同志，你最近干得不错，业务上有了很大的拓展，客户数量正在迅速增加，我对你感到满意。"这位经理感到很高兴，立即表示了要进一步搞好工作的决心。这时，总经理不失时机地提出："对了，有件事想请你注意一下，有一批老客户最近很少与公司来往，不知是什么原因。"这位经理立即答允进行调查处理，很愉快地接受了这一任务。这样的表扬就使下属始终保持着动力和压力，心情畅快地完成工作。

注意技巧，方式多样

任何一种表达方式，如果千篇一律毫无变化，或者过于直接，都会产生负面作用。赞扬也是一样，不能永远都是"你干得不错"这类的陈词滥调。有时候同一种意思换个表达方式，往往产生完全不同的效果。这里提供几种基本的赞美方法。

对比性的赞扬。就是把赞扬对象和其他对象比较，以突出其优点。这种方法能给人一种很具体的感觉。"有比较才有鉴别"，正说明了这个道理。但也正因为如此，从另外一个角度看，它会产生一个负面，易引起人际关系的矛盾，所以在比较时不应用贬低来代替赞美。例如两个学生各拿着自己的一幅画请老师评判，老师若对甲说："你画得不如他。"乙也许比较得意，而甲一定不悦，不如对乙说："你画得比他还要好。"乙固然高兴，甲也不至于太扫兴。

断语性的赞扬。就是给被赞扬者一个总结性的良好评价，语气要以肯定判断的形式表示。实际上，对别人的工作进行肯定就是一种赞扬。但是由于这种赞扬是较为全面的、总结性的评价，所以容易抽象，而且领导者也会给人一种高高在上的感觉，因此一般要与其他方法结合使用。

感受性的赞扬。即领导者就某一点表示自己的良好感受。因为他陈述的只是赞扬的感受，不受其他条件的限制，所以这种形式能充分发挥出赞扬的优势。实施这种赞扬有两个步骤：一是把被赞扬者值得肯定的优点"挑出来"；二是让被赞扬者知道你对他的优点很满意。这样，赞扬的作用就自然而生，而且令人信服。

适时而恰当的批评艺术

人非圣贤，孰能无过？在日常工作之中，下属的工作常常会出现某些偏差和错误。从哲学的高度而言，各种主客观原因的存在使得错误难以完全避免。问题的关键在于，出现错误并不可怕，但必须及时加以改正。

但是囿于外部条件的限制，下属自身往往难以觉察到这些错误，这时领导就必须及时提出批评，拨正航向，纠正偏差，保证工作目标的顺利实现。

由此可见，领导适时而恰当地批评下级不仅是必要的，而且也是很重要的。那种毫无原则，恣意放纵下属的做法，与科学的领导方法是背道而驰的。但是，与赞扬下级时一样，如何把批评的话说得有水平，既达到效果又避免矛盾的激化，是我们所要面对的问题。

1. 切忌恶语伤人

无论任何团体，当员工犯下不可原谅的错误时，作为领导无可避免地要对其加以斥责。但是每个人都有自尊心，批评应在平等的基础上进行，态度上的严厉不等于言语上的恶毒，切记只有无能的领导才去揭人疮疤。因为这种做法除了勾起一些不愉快的回忆之外，于事无补，而且除了被批评者寒心外，旁观的人也一定会不舒服。因疮疤人人都有，只是大小不同，见到同事的惨状，只要不是幸灾乐祸的人，都会有"兔死狐悲，物伤其类"的感觉。更何况，批评的目的是搞清问题，而不是搞臭下级。恰当的批评语言还牵涉到一个领导的心胸和修养问题，绝不能以审判官自居，恶语相向，不分轻重。

2. 切忌捕风捉影

"闻过而喜"是中国的一句古训，但并不是每个人都能愉快地接受别人的批评。上级批评下级，要使下级达到心悦诚服，没有用权压人，以势压人之感，很重要的一条就是要做到实事求是。在批评之前先考虑一下有几分的事实根据，这是比批评的态度和方法更为基本的东西。如果事先调查不够，事实真相与得到的情况有差异，被批评者就难以接受；如果有人提供了假情况，打"小报告"，领导者以此为据，大加批评，那就更难以服人了。所以，上级批评下级，责任要分清，事实要准确，原因要查明。从实际出发，弄清事情的本来面目，找出问题的原因，恰当地分清责任，这样的批评有理有据，既不夸大，又不失察，下级当然口服心服了。所以，上级批评和否定下级，必须以事为依据，以政策为准绳，不能随心所欲，更不能以感情代替原则。这就要求领导者必须心胸豁达，最忌讳神经过敏、疑神疑鬼、听信流言、无中生有。

3. 切忌喋喋不休

批评的质量与其数量之间，并不存在正比的关系，有效的批评往往能一针见血地指出问题的实质，使下属心悦诚服，而絮絮叨叨的指责只会增加下属的逆反心理，而且即使他能接受，也会因为你缺乏重点的语言而抓不住错误的症结。

而严重的是，有些领导似乎就是喜欢"痛打落水狗"，下属越是认错，他咆哮得越厉害。这样的谈话进行后会是什么结果呢？一种可能是被批评者垂头丧气，另一种可能则是挨骂下属，认为自己已经认了错，领导还要抓住不放，实在太过分了。这时性格怯懦者会因此丧失信心，较刚强者则说不定会愤怒起来。显然，领导这么做是不明智的。

周恩来和著名戏剧家曹禺是很好的朋友，中华人民共和国成立后不久，曹禺等负责一次宴会的组织工作，由于缺乏经验，致使客人来了半个多小时才得以入座。周恩来也静静地等待了半个多小时才得以入座。会后，周恩来问及原因，曹禺脱口而出："这件事不是我办的。"周恩来听了严肃地说："革命工作分什么你我，出了问题应当大家承当，大家负责任。"短短的一句话，即使曹禺认识了错误，又没有使像曹禺这样的知识分子过于难堪，这种简洁有效的批评方式很值得学习。

怎样调解下属的纠纷

下属之间发生纠纷，势必影响工作，此时，作为领导应及时出面调解。调解纠纷是一门艺术，是协调人与人关系的艺术，也是教育人、团结人的艺术。善于调解纠纷是领导者必备的基本功。

首先要周密调查、认真分析。"没有调查没有发言权。"要调停纠纷，首先得做周密的调查，既要了解纠纷的起因、经过、现状和趋向，又要了解各方的观点、理由、要求和动向。通过调查分清纠纷是"公务型"还是"私愤型"，是无原则纠纷还是原则冲突，是认识上的分歧还是利益上的对立。经过分析，抓住纠纷的本质，以便得出正确的结论。其次要坚持原则，以理服人。此外，调解纠纷，忌带私心。领导者应该依据事实，对照政策，力求公正无私，以理服人。最后要因势利导，因人而异。主要方法有以下几种。

1. 春风化雨法

既要"春风熏得游人醉"，说些好听的，又要不失时机地"料峭春风吹酒醒"，使纠纷双方对你心悦诚服。

2. 含糊处置法

在某些特定条件下，对一些无原则的纠纷，可"各打五十大板"，采用此法使纠纷双方受到批评、教育和处分，让其从噩梦中醒来，以维护团结。

3. 情感感化法

在调解纠纷的过程中，为缓和矛盾，避免大的冲突，让一方采取高姿态去感化另一方，实施"将相和"。采取此法的前提是，纠纷一方尽管有一时之感，但觉悟较高，一经点拨，便能识大体，顾大局。另一方虽然一时八匹马拉不回头，但也并非顽石一块。

4. 单刀直入法

对不太复杂的纠纷，可把当事人一起招来，当面锣，对面鼓，把矛盾揭开，"打开窗户说亮话"，当场解决。

5. 缓机处理法

如果调解时机还不成熟，不妨暂缓一步，待以后择机行事。但这必须是纠纷已经处于比较稳定的状态，暂缓处理不会出问题。

6. 高温加热法

对当事双方在批评、教育、晓以大义的基础上，采取行政手段或组织措施，限期他们改正、和解。且可采取民主会诊、责令检查、通报批评等方式。

采用此法，应考虑当事人的心理承受能力，不能盲目"加温"，以免"欲速则不达"，出现意料不到的问题。

7. 侧面入手法

有时纠纷复杂，问题棘手，正面强攻难以奏效，此时，应灵活机动地从侧面入手，迂回前进。或让对当事人极有影响力的人去做工作，"一把钥匙开一把锁"。

8. 似退实进法

有时为了缓和矛盾，顾全大局，在说清理由之后，可对纠纷双方的要求做些不损害大原则的妥协和让步。

9. 回避让路法

在处理纠纷时，如因调停者措施不妥，而使调解工作陷入僵局时，调停者要从大局利益出发，主动回避让路，由领导班子中的其他人出面调停解决问题。

10. 彼此退让法

通过协商，迫使矛盾双方各自退让一步，达成彼此可以接受的协议，但应注意公平、公正、公开的原则。这种方法是调解下属纠纷最常用也是最有效的方法。

与下属单独谈话的技巧

每个领导者都会碰到与个别人谈话的问题。

有的人很会"谈话"，不管什么人，也不管多么复杂的问题，经他一谈就迎刃而解。

有的人却不会谈话，甚至一谈就崩，原本并不复杂的问题，经他一谈反而复杂了。

这说明个别谈话其实并不简单。不同的谈话对象和不同性质的谈话，在语言运用上应该有所不同。谈话对象个体之间的差别是很大的，不同的出身和经历，不同的文化程度和性格，不同的年龄和性别等，都有不同的心态，而且影响着对外部事物的接受和理解。

人的口味千差万别，爱吃萝卜的不一定爱吃梨。

一般地讲，知识分子理性观念较多，谈话时道理应讲得深，言辞文雅并注意逻辑性。

文化水平较低的人理性观念相对少些，谈话时讲道理应深入浅出，并注意多讲些实实在在的事。

性格开朗的人，喜欢快言快语，不喜欢拐弯抹角，与其谈话可以开门见山，直截了当。

性格内向的人，往往思想含蓄而深沉，与其谈话不能过于直率。

年纪大的人阅历丰富，与其谈话切忌说教。

年轻人阅历浅，有的涉世不深，谈话时就应该多讲些道理。

谈话内容不同，谈话的方法要有区别。

表彰性谈话有人以为最好谈，其实不然。表彰在于产生良好的社会影响，因此谈话要阐明表彰的理由，注意分寸，留有余地，不能讲过了头，更不能把表彰变成吹捧，要引向更高的目标和层次，如果不引导，谈话就没有什么意义。

批评性谈话，也许是最难谈的，只要方法得当，也可以变难为易。要尊重对方人格，以诚待人。要轻"批"重"评"。

批是指出所犯错误的性质，评是讲道理重教育，启发思想觉悟。如果只"批"

不"评"，就会变成训斥，被批评者不但难以认识错误，还可能因没想通而顶起牛来。

此外，批评要力求准确，批评性谈话最忌讳的就是批评不准确，与事实不符最容易引起反感的对抗。所以批评性谈话一定要把各方面的事实和情况搞清楚，说话要有根据。

说话语调要讲究优美

很多事实证明，语调可以增强领导魅力。

一些领导说话，声音微弱低沉，模模糊糊，吞吞吐吐，容易给人一种怯懦的感觉，有损领导形象，也对所讲内容的正常表达不利。

声音作为一种语言形式，对内容有影响作用。即使你天生音质不太好，也一定要做到干脆有力，并具有一定特色。

在语言表达中，你是否存在着以下这些缺点呢？

1. 口头语太多

总是把一句话重复了一遍又一遍。一说话就摆官腔，一股子居高临下的官派语气和作风。语调酸味十足，拿腔拿调，哗众取宠，令人作呕。

2. 表述不清

与人交谈总是前不搭言，后不搭语，含糊其词，常常会给人不知所云的感觉，因此，需要你在工作实践中不断磨炼自己的嘴皮子，改正这些缺点，逐步提高。当然，这不是轻而易举能够做到的，一定要有耐心，不断努力。

3. 语速与节律不当

有些领导常会抱怨说："我可真是一个语言表达的小丑，我的话总是招来大家肆意的嘲笑，大家说我讲话简直像一台机器，可我又能怎么办呢？"

这样的领导大可不必着急，你的毛病出在了语音节奏和旋律上。要知道，当你在说话时，每个句子都是高低起伏、抑扬顿挫的，并不是一条直线地自始至终没有变化。而且，当你情绪激动时，音调就会变得高昂，当你情绪哀伤时，音调就会变得低沉，不是一成不变，非常单调的。.

4. 语调平板缺乏变化

要改掉平板的语调，你可以从朗读文章开始，可以是诗歌，可以是散文，也可以是电影台词。同时，也要听一听别人究竟是怎么说话的，然后与自己做一比较，找出不同，加以改正。只要坚持不懈，你的语调一定会变得优美起来。

5. 语言不准

其实，语音的毛病可以通过多听新闻报道，或日常中对一些生僻少用少讲的字多查一下字典词典等工具书，认准正确读音，关键是与标准语音进行仔细比较，纠正自己的发音毛病。

不要放弃微笑的力量

当一张笑脸摆在下属和同级的面前时，他们几乎很快就把它判定为友好的表示，除非背景极其复杂，否则是决不会去仔细揣摩和反复研究的，这轻而易举的一笑立即就使两者之间的关系接近了许多，体现了人与人之间融洽的关系。

大多数领导者平时总喜欢面带微笑，这种面部表情告诉人们："来吧，我是朋友。"当然，由于性格的差异或其他原因，有的领导者总是表情严肃，不苟言笑，比如夏尔·戴高乐。尼采认为，由于发笑是使人们能够容忍生活磨难的唯一途径，所以人们才笑。我们的生活需要笑容，我们的工作也需要笑容，前者是为了自己的健康，后者是为了满足别人的希望。当你在会议上、汇报中或与下属谈心时，用自己惟妙惟肖的笑容向对方暗示或者传递一个细小的意向，当对方立刻心领神会之际，一定会从内心中发出满意的笑容。

但是，仅仅注意到笑的作用是不够的，还应当做到两点：一是要真笑，而不是假笑，二是把握好笑的时机和方式。

1. 要真笑

笑有真有假，真笑几乎不受控制，而假笑则是一种装出来的表情。有研究表明：真笑的第一个表情特征是嘴唇迅速咧开，第二个特征是在笑达到高潮以后，紧接着短暂而迅速地眨一下眼睛。那些"来得快、去得快"的笑，并不容易引起对方的满足，因而也是不成功的运用。所以如果不是真的从心里往外压抑不住的高兴就不要笑，这并不意味着你必须愁眉苦脸地工作，就好像全世界的重量都压在你的肩膀上似的。应该准确地说，如果你不是由衷地感到满足，就不要喜形于色。领导者也应该在笑之前想想这一点，否则将产生适得其反的效果，这绝不是我们所期望的。

2. 笑的时机与方式

笑的时机要恰当，要注意选择笑的时机、场合、话题。该笑的时候笑，不该笑的时候就不能笑。在欢庆的场合，在轻松的气氛中，在诚恳坦率的交谈中，应该笑；但在谈起不见好转的病情，同去世者的家属谈话，谈起工作中的重大失误和损失时就不能面带笑容。有些人平时随便惯了，以至遇到参加单位同志追悼会的场合，在给烈士扫墓的时候，在瞻仰领袖遗容的时候，还在嘻嘻哈哈，说说笑笑，这就显得很不恰当。其次，要掌握笑的分寸。在日常生活谈话中，笑容主要是根据交谈者的关系，谈话的内容以及谈话者的性格、习惯等自然体现出来的。

笑的方式很多，可取的有微笑、轻笑、大笑等。微笑是一种不露齿的笑容；轻笑表现为上齿露出，嘴已微微张开；大笑则表现为嘴已张成弧形，上下牙齿都可看见。

领导者在工作谈话中，一般要以微笑作为基调，微笑是一种恰到好处的可控性的笑容，它使人觉得和蔼、可亲、文明，是仪表的一个构成要素。微笑时面部肌肉容易控制，可以较长时间地维持笑容。笑的时候应该自然大方，得体适度。那种咧嘴龇牙的笑，嘻嘻逢迎的笑，挤眉弄眼的笑，扭扭怩怩的笑，都会给人一种不愉快的感觉，不良的印象。因此，笑容也反映了一个人的文化修养水平。领导者需要不断提高文化情操的修养，使笑容反映出美好的心灵。只有发自内心的笑才能感染对方，产生呼应。嘲笑，冷笑，幸灾乐祸的笑都是应该尽量避免的。

微笑是通过不出声的笑来传递信息的。微笑作为一种表情，不仅是形象的外在表现，也是人的内在精神的反映。因而领导者要善于使用微笑，就要注意微笑的主要功能：微笑能强化人有声语言沟通的功能，增强交际效果；微笑还能与其他体态语相结合，代替有声语言的沟通，如在接见很多宾客时，只要边微笑边招手，也具有"欢迎您光临"的功效，同样会使客人感到热情、有礼。在交谈中，遇到不易接受的事情，边微笑边摇头，委婉谢绝，不会使人感到难堪。

领导赞美下级的技巧

有些下属经常对领导溜须拍马，并以此为天经地义的事。而要让领导拍下属的"马屁"，就有点儿让人难以接受了。其实，出于把单位搞好的目的，领导对下属奉承也是在理的。例如，有一件任务是领导者和其他任何下属所做不来的，要做成此事，只有一位下属有可能。那么，做领导的就应该积极主动地走过去，对这位下属多做鼓励，阿谀奉承几句也是在所不惜。

切记，领导者"拍马"要"拍"有所值。"拍马"之后还不能让下属看出迹象，要做到神不知、鬼不觉的程度。

领导这样做，同样会得到大多数下属的信任。下属甚至会以为领导者礼贤下士，没有"官架子"云云。总之，做了这类事情，同样有助于建立领导个人的威信。

你应该破除"等级观念"，下属的"马屁"该拍还得拍。可又不能频繁使用这一着。如果你经常拍下属的"马屁"，会让人认为你没有能力，一味地依赖下属，久而久之，下属对你也就失去了信心。失去威信和信任感的领导，也做不长领导了，这是必然规律。

常言道："恭维不蚀本，舌头打个滚。"要笼络下属，奉承是一件轻巧实用的武器，又用不着你掏腰包，何乐而不为呢？

领导"拍马"要"拍得"有分寸，不离谱，要恰到好处，不能给下属肉麻的感觉。可以从日常细节入手，下属穿了一件新衣服，你第一次遇上他，可以摆出欣赏神色，兴高采烈地赞扬：

"这件汗衫很衬你啊！
"噢，打扮得叫人眼前一亮呢！"
"嗯，今天这样漂亮，有喜事呀？"
"你真有眼光，这衣服太帅了！"

有人穿了新鞋、烫了头发，甚至背了个新手袋，你也可以套用以上的赞词，不过记着，必须在第一次见面时就说，否则就流于虚假和公式化。

除了打扮，请多注意下属的工作表现。某下属刚好成功地完成了某项任务或者顺利出差回来，别忘了恭贺人家，说：

"你真棒，难怪老总器重你！"

"你的干劲实在值得我们学习！"

"旗开得胜，下一个任务又是你的囊中物了！"

这些说法并非叫你做人虚伪，而是多留意点别人，学会欣赏别人，对你有一定的好处。

一般人总爱听赞美话，聪明的你就不妨大方一点，多赞美别人吧！"这个意见不错，就这样做吧！""真棒，你给我提供了一个好办法！"这样，下一次他会更努力地为你效劳。

第 **9** 章

掌握言之有理的沟通方式

与人辩论就要言之有理、言之有物，这样才能在辩论中争取主动，驳倒对方。才能更好地在与他人的沟通中让别人信服你的观点，争取到最大的支持。

做到"破"中求"立"

辩论，说到底是一种知识、智谋的较量。辩论的一方在立论时如能充分运用自己的知识和智谋，在透彻地分析辩题的基础上，突破对方立论的防线，巧妙地提出一个全新的概念，给对手一个"措手不及"，便能大大削弱对方的攻击力。

如一次辩论赛上，正方的立场是：大学毕业生择业的首要标准是发挥个人专长。反方立论的思路有很多，比如可以说"首要的标准是社会需要"，也可说"是收入丰厚、是兴趣"等等，但所有这些都是因为太平常而可能落入正方事先准备好的猛烈进攻中。你说"社会需要"，他讲择业是主观行为，"发挥个人专长"正是更好地满足"社会需要"；你说"收入丰厚"，他说对方辩友在养育自己的祖国最需要的时候以一己私利为先向人民讨价还价，多么让人痛心和失望！

如此，反方将难以招架。最后，经过缜密的思考，反方提出了一个极其大胆的观念：大学生择业复杂多样，没有也不应该有一个统一的首要标准！并指出，没有证明大学生择业应当有一个统一的首要标准，就强调这个首要标准是"发挥个人专长"，无异于在流沙上盖楼。此语一出，举座皆惊。由于反方的观点从根本上动摇了正方精心设计的立论，正方毫无准备，顿时乱了阵脚，以致在规范性发言中几乎未对此进行反驳。反方在以前所未有的创新勇气击破对方防线的同时，又进一步明确了自己的立论：大学生应以个人的自我完善和推动社会进步为择业方向。如此一来，反方便很快占据了场上的主动，收到了十分明显的场上效果。

少下定义，多做描述

在立论（辩护）中，时常会遇到一个无法回避的事实，即给概念下定义。可以说，下定义是明确基本观点，澄清基本立场的主要方法。但要特别注意的是，如果在辩论中热衷于给每一个概念都下明确的定义，很可能因此给对方提供许多意想不到的"炮弹"。而且，把辩题和概念交代得太清楚了，辩论中也就没有了回旋的余地。

比如"温饱"这个概念，如果把它定义为一种状态："在这种状态下，社会的大部分人都无衣食之困"，那么对方马上就可以追问："你的社会概念的内涵是什么？它指一个团体，一个民族，还是一个国家？"也可以问："你的'大部分人'的含义是什么？是人口 60%、70% 还是 80%？"对这些问题，如果你继续回答，就有可能会暴露出许多新问题，从而完全陷入被动应对的局面。

因此，在解释概念时，既要说出什么，又必须隐藏什么，即采用描述的方法来搪塞。所谓"描述"，也就是不揭示概念的本质含义，只是从现象上对概念进行描述，甚至是同义反复的描述。如对"什么是温饱"的问题，可这样回答："温饱，就是饱食暖衣。"这个回答实际上是同义反复，没有提供任何新的东西，但给人的感觉是已清楚地阐释了这个概念，而对方又抓不住任何把柄实施攻击。这样，在后面的辩论过程中，当对"温饱"这一概念做出新的补充和说明时，他们就显得比较灵活自如。

总之，在辩论中要注意恰当使用描述和定义的方法，两者不可偏废，但要尽量多用描述，从而达到既讲清某些问题，又隐蔽另一些问题的境界，使对方不能迅速地判断并抓住己方观点中根本性的东西来攻击。

辩论中的立论是一个灵活多变的过程，在这一过程中可以运用的战术也是灵活多样的，上面列举的只不过是实践中几种最重要的也最常用的战术，很多好的战术还需要在实践中不断地积累、总结，这样才能在辩论赛中取胜。

掌握辩论中的主动权

辩论是很多人都无法避免的。俗话说"先下手为强"，有时局势的主动与否全在于论辩开始时能否掌握主动，能不能做到先发制人。

如果辩论刚开始在心理上能比对方站在更优越的位置，自然可以影响到后来彼此的谈话。因此，能够比对方先行一步，就达到了先发制人的地步。

辩论不是简单的舌战，更不是街头泼妇骂架，而是进攻与防守综合艺术的运用。顶头不顾尾的蛮攻和忍气吞声的呆守都会造成灭顶之灾。孙子曰："备前则后寡，备后则前寡，备左则右寡，备右则左寡，无所不备，则无所不寡。"在辩论时，为了辨明是非，最经常也是最奏效的战略就是主动出击，因为只有在进攻、进攻、再进攻中才能始终把握主动权。但不能盲目进攻，要掌握进攻技巧，才能取得好的效果。

1. 正面进攻

与对方短兵相接，面对面地直接驳斥对方的论点，尤其是中心论点，指出对方论点的错误和明显违背事实与常理的地方，使其主张不能成立，是辩论制胜的法宝。这就是所谓正面进攻。这是大规模的正规军决战常用的手法，最常用，也最难以掌握。

1988 年"亚洲地区大学生论辩赛"预赛的第一场，香港中文大学队对新加坡国立大学队，辩题是"个人功利主义是社会进步的最重要的因素"。辩题即论点，站在反方的香港中文大学队的一名队员发言指出：

"国父孙中山领导辛亥革命，推翻了中国两千多年的封建统治，难道是因为个人功利主义吗？爱迪生发明了电灯，造福于全人类，难道是因为个人功利主义吗？"

这里采用的就是正面进攻，直接反驳辩题。只用两个反问句，举出两个无可辩驳的历史事实。孙中山领导的辛亥革命，中国及全世界都知道；爱迪生的科学发明，给全世界带来了光明，更是世人皆知。论者用这两个促进社会进步的重大历史事实，直接证明"个人功利主义是社会进步的最重要因素"这一论点的错误。这一方法的效果是全面而且有力的。

2. 侧面进攻

侧面进攻指不与对方正面交锋，或是因对方论点看来十分坚强，难以找到漏洞，而从侧面驳斥对方的论据，或提出对方论据逻辑上的毛病，加以迎头痛击，彻底打垮对方。

3. 包围进攻

包围进攻是指当对方分论点很杂时，可以分割包围对方核心论点周围的分论点及论据逐一进行驳诘，最后推翻对方的核心立论。既然对方分论点不能成立，其核心立论自然不成立。

4. 迂回进攻

迂回进攻是指不与对方近距离接触，而先远距离地进攻。如从挑剔对方的论辩态度不妥或论辩风度有失开始诘难，进而抓住对方的论辩企图再深入进行驳诘。用这种方法，往往使对手措手不及，难以应答。

在辩论中，掌握主动权，只有以正确的进攻方式攻击对手，在攻击过程中发现对方的破绽抢先下手，进而穷追猛打，方可一举取胜。

避开论敌锋芒的方法

常言道："君子避三端：武士之剑端，文士之笔端，辩士之舌端。"辩论时遇到于己不利的论题，如果不及时避开，一味纠缠不休，就会为"笔端"或"舌端"所害。

辩论方法不但要有攻，而且也要有防。有攻有防，攻防结合，才能克敌制胜。只攻不防，看似骁勇，实则并非善战；疏于防守，弄得遍体鳞伤，又怎能养精蓄锐战胜论敌呢？

避开论敌锋芒的要则。就是要善于及时避开论敌"笔端"和"舌端"的锐利锋芒，必要时不惜"丢卒保车"，甚至"丢车保帅"，寻觅新的战机，化险为夷，东山再起，变被动为主动。

律师在为一个实施正当防卫的被告辩护的时候，如果一味与控方律师争辩原告的伤是重是轻，后果是严重还是轻微，只能是被动受责。只有及时撇开这一话题，转入被告为何要实施正当防卫，以及他若不防卫又会招致何种后果这一关键论题，并予以充分的论证和有力的辩护，才能取得辩论的主动权，维护被告的合法利益。

灵活应变的范围很广，在辩论中常常会发生预料不到的问题，由于双方都不肯让步，使辩论陷入僵局。对于这类问题的解决办法，一是把可能引起争议的问题往后放，待其他问题双方统一后，再来讨论。这样做的好处有两个，一是确保辩论的顺利进行。二是先易后难，经过几个回合的洽谈，对剩下的问题，双方都能抱着通情达理的态度，尽快使问题达成协议，以免在少数问题上耗费精力，过分纠缠。

借力打力的辩论策略

武侠小说中有一招数，叫"借力打力"，是说内力深厚的人，可以借对方攻击之力反击对方。这种方法也可以运用到论辩中来，例如，在关于《知难行易》的辩论中，有这么一个回合：

正方：对啊！那些人正是因为上了刑场死到临头才知道法律的威力。法律的尊严，可谓"知难"哪，对方辩友！（热烈掌声）

当对方以"知法容易守法难"的实例论证知易行难时，正方马上转而化之从"知法不易"的角度强化己方观点，给对方以有力的回击，扭转了被动局势。

这里，正方之所以能借反方的例证反治其身，是因为他有一系列并没有表现在口头上的、重新解释字词的理论作为坚强的后盾：辩题中的"知"，不仅仅是"知道"的"知"，更应该是建立在人类理性基础上的"知"；守法并不难，作为一个行为过程，杀人也不难，但是要懂得保持人的理性，克制内心滋生出恶毒的杀人欲望就很难。这样，正方宽广、高位定义的"知难"和"行易"借反方狭隘、低位定义的"知易"和"行难"的攻击之力，有效地回击了反方，使反方构建在"知"和"行"浅表层面上的立论框架崩溃了。

顺水推舟的辩论策略

表面上认同对方观点，顺应对方的逻辑进行推导，并在推导中根据己方需要，设置某些符合情理的障碍，使对方观点在所增设的条件下不能成立，或得出与对方观点截然相反的结论。例如，在《愚公应该移山还是应该搬家》的辩论中——

　　反方：……我们要请教对方辩友，愚公搬家解决了困难，保护了资源，节省了人力、财力，这究竟有什么不应该？

　　正方：愚公搬家不失为一种解决问题的好办法，可愚公所处的地方连门都难出去，家又怎么搬？……可见，搬家姑且可以考虑，也得在移完山之后再搬呀！

　　神话故事都是夸大其事以显其理的，其精要不在本身而在寓意，因而正方绝对不能让反方就事论事，否则，反方符合现代价值取向的"方法论"必占上手。从上面的辩词来看，反方的就事论事，理据充分，根基扎实，正方先顺势肯定"搬家不失为一种解决问题的好办法"，继而根据"愚公所处的地方连门都难出去"这一条件，自然而然地导出"家怎么搬"的诘问，最后水到渠成，得出"先移山，后搬家"的结论。

正本清源的辩论策略

　　所谓正本清源，本文取其比喻义而言，就是指出对方论据与论题的关联不紧或者背道而驰，从根本上矫正对方论据的立足点，把它拉入己方"势力范围"，使其恰好为己方观点服务。较之正向推理的"顺水推舟"法，这种技法恰是反其思路而行之。例如，在《跳槽是否有利于人才发挥作用》的辩论中，有这样一节辩词：

正方：张勇，全国乒乓球锦标赛冠军就是从江苏跳槽到陕西，对方辩友还说他没有为陕西人民作出贡献，真叫人心寒啊！（掌声）

反方：请问到体工队可能是跳槽去的吗？这恰恰是我们这里提倡的合理流动啊！（掌声）对方辩友戴着跳槽眼镜看问题，当然天下乌鸦一般黑，所有的流动都是跳槽了。（掌声）

正方举张勇为例，他从江苏到陕西后，获得了更好地发展自己的空间，这是事实。反方马上指出对方具体例证引用失当：张勇到体工队，不可能是通过"跳槽"这种不规范的人才流动方式去的，而恰恰是在"公开、平等、竞争、择优"的原则下"合理流动"去的，可信度高，说服力强，震撼力大，收到了较为明显的效果。

釜底抽薪的辩论策略

刁钻的选择性提问，是许多辩手惯用的进攻招式之一。通常，这种提问是有预谋的，它能置人于"二难"境地，无论对方作哪种选择都于己不利。对付这种提问的一个具体技法是，从对方的选择性提问中，抽出一个预设选项进行强有力的反诘，从根本上挫败对方的锐气，这种技法就是釜底抽薪。例如，在《思想道德应该适应（超越）市场经济》的辩论中，有如下一轮交锋：

反方：……我问雷锋精神到底是无私奉献还是等价交换？

正方：对方辩友这里错误地理解了等价交换，等价交换就是说，所有的交换都要等价，但并不是说所有的事情都是在交换，雷锋还没有想到交换，当然雷锋精神就谈不上等价了。（全场掌声）

反方：那我还要请问对方辩友，我们的思想道德，它的核心是为人民服务的精神，还是求利的精神？

正方：为人民服务难道不是市场经济的要求吗？（掌声）

第一回合中，反方有"请君入瓮"之意，有备而来。显然，如果以定势思维被动答问，就难以处理反方预设的"二难"：选择前者，就刚好证明了反方"思想道德应该超越市场经济"的观点；选择后者，则有悖事实，更是谬之千里。但是，正方辩手却跳出了反方"非此即彼"的框框设定，反过来单刀直入，从两个预设选项抽出"等价交换"，以倒树寻根之势彻底推翻了它作为预设选项的正确性，语气从容，语锋犀利，其应变之灵活、技法之高明，令人叹为观止！

辩场上的实际情况十分复杂，要想在论辩中变被动为主动，掌握一些反客为主的技巧还仅仅是一方面，需要仰仗于非常到位的即兴发挥，而这一点却是无章可循的。

自我解嘲的辩论策略

20 世纪 50 年代初，美国总统杜鲁门会见以傲慢著称的麦克阿瑟将军。会见中，麦克阿瑟拿出烟斗，装上烟丝，把烟斗叼在嘴里，取出火柴。当他准备划燃火柴时，才停下来，对杜鲁门说："抽烟，你不会介意吧？"显然，这不是真心征求意见，在他已经做好抽烟准备的情况下，如果说介意，就有点不近人情，足见其粗鲁和霸道。这种缺少礼貌的傲慢言行使杜鲁门有些难堪。然而，他看了麦克阿瑟一眼，自嘲道："抽吧。将军，别人喷到我脸上的烟雾，要比喷在任何一个美国人脸上的烟雾都多。"

由此可见，当令人难堪的事情已经发生，运用自嘲，能使你的自尊心通过自我排解的方式受到保护，并且，还能体现出自己的大度胸怀。

置身于难堪境地时，如果过分掩饰自己的失态，反而会弄巧成拙，使自己越发尴尬。以漫不经心，自我解嘲的口吻说几句取悦于人的话，却可以活跃气氛，消除尴尬。

自嘲运用得好，可以使辩论平添风采。如果用不好，会使对方反感，造成交谈障碍。自嘲要审时度势，相机而用，不宜到处乱用。比如，对话答辩、座谈讨论、调查访问等，就不宜使用自嘲。此外，自嘲要避免采取玩世不恭的态度。积极的自嘲，包含着自嘲者强烈的自尊心、自爱。这种自嘲不过是采取一种貌似消极、实为积极的促使交涉谈话向好的方向转化的手段，从另一个角度把不利化为有利，摆脱了自己的心理负担。

在军事上，有一个很好的策略就是"避实就虚"。在辩论中，避实就虚也是取胜的不二法门。

移花接木的辩论策略

移花接木是辩论中常用的手法，意即巧妙偷换概念以彼之道还施彼身，使自己脱离困境的同时反陷对方于困境之中。在我们日常生活中，使用移花接木的说话技巧也常有意想不到的效果。

著名的诗人歌德在一条只能通过一个人的小径上散步，迎面来了个极不友好的人：

"我向来没有给傻瓜让路的习惯。"

歌德听到对方不友好的喊叫，连忙让到一旁，笑容可掬地说：

"我恰恰相反。"

歌德运用了"移花接木法"，一句话就把"傻瓜"的帽子从自己头上摘下，戴到对方头上。

有时候，移花接木还可给别人一个台阶下，让对方在开怀一笑中体会语言的含义。

一对夫妇结婚已经有十余年了，每个月他们都要给双方的父母寄生活费。这件事一直由妻子承办。可是妻子每个月给自己的父母寄一百元，给丈夫的父母寄五十元。丈夫一直愤怒在心，却也不想因此而与妻子闹得不愉快。

以前，丈夫每天下班，什么事都不干，总要先抱抱小儿子，亲抚半天。可这天回家后，他见到一岁半的儿子正在摇车里哭，却假装什么也没看见，什么也没听到。他一反常态地走到五岁女儿的身旁，把五岁的女儿抱了起来。

正在做饭的妻子扭头看到了，急忙喊道："儿子都哭成那样了，你怎么还不赶紧去哄哄他？"

丈夫不紧不慢地说："这五十元钱的，还是你来抱吧。我要抱一百元钱的。"

妻子一听，脸就红了，以后每月也给丈夫的父母寄一百元了。

聪明的丈夫风趣而又不失原则地请妻子进入了自己所预设的易位"圈套"，没有长篇累牍地发牢骚，却弦外有音地暗示了事情的实质和自己的不满情绪，从而巧妙地达到了说话的目的。

运用移花接木的说话艺术，关键的往往只有一句话，但这一句话往往紧紧扣住了对方的言行，所以分量很重，使对方几乎没有反击的余地。

一个被指控酒后开车，并被判拘留一周的司机，在法官面前申诉说：

"我只是喝了些酒，并没有像指控书中说的那样喝醉了。"

法官听后微微一笑，说：

"正因为这样，我们才没有判处你监禁七天，而只判拘留你一个星期。"

法官的解释，既回避了司机的无理纠缠，又让司机懂得对司机来说，"喝了些酒"开车与"喝醉了酒"开车的区别，就如"监禁七天"与"拘留一星期"的区别一样，只不过是说法不同而已。

一位长官到连队巡查，正赶上士兵们吃中午饭。

"伙食怎么样？"长官问士兵们。

"报告长官，汤里泥土太多。"一个多嘴的士兵回答。

"你们入伍是为了保卫国土，而不是挑剔伙食。"长官非常生气地大声斥责道，"难道这个道理都不懂？"

"懂，"士兵毕恭毕敬地立正，又斩钉截铁地说，"但绝不是让我们吃掉国土。"一句话，说得长官顿时对这位士兵刮目相看了。

士兵们的伙食很快得到了改善。

"泥土"与"国土"意义相差甚远，但士兵却能抓住"土"这一信息，并将其生发开去，不无关联地与国家的形势、国土的沦丧和军人的职责密切地结合在了一起，既体现了一个军人对祖国的忠诚，又巧妙地达到了改善伙食的目的。

以谬制谬的辩论策略

以谬制谬和移花接木有本质上的不同，但却有异曲同工之妙，以谬制谬就是以错制错，意即对方作出错误的言论，有意将对方的荒谬观点引发出来，使其表达得更为清楚，然后再由此推出错误的结论来反击对方，进而使对方的观点不攻自破。

下面我们来看一组故事。

在美国废奴运动中，废奴主义者菲利普斯到各地巡回演讲。一次，一个来自反废奴势力强大的肯塔基州的牧师问他：

"你要解放奴隶，是吗？"

菲利普斯："是的，我要求解放奴隶。"

牧师："那么，你为什么只在北方宣传？干吗不敢去肯塔基州试试？"

"你是牧师，对吗？"菲利普斯反问道。

牧师："是的，我是牧师，先生。"

菲利普斯接着问："你正设法从地狱中拯救鬼魂，是吗？"

牧师："当然，那是我的责任。"

菲利普斯："那么，你为什么不到地狱去？"

牧师觉得一个声称要解放奴隶的人，总在没有奴隶的地方叫喊，目的显得不纯。菲力普斯认为以牧师的身份不应有过多功利的猜疑，于是便对他进行了有力的反驳，他用"以谬制谬法"轻而易举地战胜了对方。

逢年过节，船老板得按规矩弄几样菜，招待船员。这年端午，船老板端了四样小菜，提了一把长颈子锡壶，往船员们面前一放，说：

"伙计们，喝酒吧。"说完就走开了。

有个伙计顺手把酒壶一提，轻飘飘的，揭开盖子一看，只有半壶酒。他很恼火，随手拿起一把锯子，把酒壶上半截锯下来就往江中一扔，把底下半截子照旧放好。

没过多长时间船老板来了，一看酒壶给锯了，气得吹胡子瞪眼珠，大声问道：

"怎么酒壶只剩半截啦，谁干的？"

锯壶的伙计不慌不忙地答道：

"我锯的，上半截又不装酒，留着没用。"

可见，运用"以谬制谬法"时，应注意发现对方的谬误，并对它进行全面的透视，然后寻找适当角度，进行有力反击。

两个乡下财主在村头谈话，农夫老田见了，同他们打过招呼就走开了。忽然，其中一个瘦财主喊道："黑老田，站住。"

农夫站住了，对匆匆赶来的瘦财主说："您有什么事儿？"

瘦财主喘着气说："你打断了我们的话把子，赔五石谷，折合洋钱五十块，必须三日之内交清。"

老田回到家里，愁眉苦脸，茶饭不进，只差没有寻短见。

他的妻子问怎么了，老田照实说了。

他的妻子就说："这有什么可怕的？到时由我对付。"

到了第三天，田妻叫老田上山打柴，自己便在门口等着。瘦财主来了，劈头就问："你家老田呢？"

田妻不慌不忙地回答说："他上山挖旋涡风的根去了。"

瘦财主一听，喝道："胡说，旋涡风怎么还有根？"

田妻反问："那么，话还有把子吗？"

瘦财主无言以对只得愤愤地走了。

通过上面的这些实例，我们可以看出运用"以谬制谬法"有两个基本诀窍。

一是以谬制谬，模拟必须相当，谬说必须等值。如甲说："我家的狗会讲话。"乙便说："我家的驴会唱歌。"甲反问乙："驴怎么会唱歌呢？"乙反问甲："狗怎么会讲话？"这一反驳，由于驴和狗相当，唱歌与讲话等值，因而使甲张口无言。

二是无中生有的"无"，必须是绝对的"无"。反之，就会给对方留下反击的空子，使自己陷于被动。

如，有人说："我家公鸡下了蛋。"另一个说："我家母鸡叫了夜。"这就出了漏洞，有懈可击了。因为母鸡不是绝对不叫夜的，而公鸡则绝对下不了蛋，这样的反驳就无法起到以谬制谬的效果了。

突破僵局的辩论策略

论辩是参辩双方的一种逆向抗衡，这种抗衡往往针锋相对，陷入僵局相持不下。要想突破僵局，取得辩论的胜利，不妨另辟蹊径，变逆为顺，采用一种"投其所好"的战术，从顺向的角度向对方发起一场心理攻势，在顺的过程中化解对方的攻势，发现对方的破绽，抓住突破之机，从而出其不意地战胜对方。

律师乔特斯为有杀妻嫌疑的拉里辩护，这时律师麦纳斯提出了对拉里十分不利的证据：拉里曾向麦纳斯提出过，要麦纳斯帮助他与妻子离婚，并由此推论拉里在无法达到离婚目的时，会采取极端措施。乔特斯知道要直接反驳"要求离婚就有杀人动机"是困难的，于是他采取了"投其所好"的策略。

乔特斯向麦纳斯承认，自己对离婚是外行，一边恭敬地问对方是不是很忙。麦纳斯踌躇满志地回答："要我处理的案子要多少有多少。"后来又补充说，每年至少有 200 件。乔特斯赞叹说："呀！一年 200 件，您真是离婚案的专家，光是写文件就够您忙的了。"麦纳斯的声音犹豫起来，感到说得太多人们难以相信，就只好承认说："可是……其中有些人……嗯……因为这样那样的原因改变了主意。"破绽出现了，乔特斯抓住这一点，进一步诱导道："啊！您是说有重新和好的可能，那大概有 10% 的人不想把离婚付诸行动？"麦纳斯说："百分比还要高一些。""高多少，11%？ 20%？""接近 40%。"乔特斯用惊奇的眼光盯着他说："麦纳斯先生，您是说去找您的人中有近一半最后决定不离婚？""是的。"麦纳斯这时有些感觉到了，但退路已经没有了。"嗯，我想这不会是因为他们对您的能力缺乏信任吧？……当然不是！"麦纳斯急忙自我辩解，"他们常常一时冲动，就跑来找我。可是一旦真的要离婚，便改变了主意……"他突然止住，意识到自己上当了。"谢谢，"乔特斯说，"你真帮了我的大忙。"

在这场法庭辩论中，乔特斯见正面反驳难度较大，就采用了"投其所好"术，从侧面迂回。他先坦率地承认自己对离婚案是外行，恭维对方很忙，当对方得意忘形，鼓吹自己处理离婚案件的数目时，他又进一步恭维对方是离婚案专家。当对方感到吹过了头，说有些人因这样那样的原因改变了主意时，战机出现了。乔特斯抓住这一点诱使对方说出了自己否定自己的话。可见，在论辩中如果正面说理难以奏效，可以采用"投其所好"术与对方巧妙周旋，对方对抗心理弱化，疏于防范，就有可能暴露出一些破绽，己方乘隙而入，一举制胜。

借题发挥的论辩策略

在论辩中，对方故意刁难时，要善于抓住一切机会，或接过对方的话头，或借助论辩环境中的各种事物、场景加以联想，找到它们与自己所要表达的观点之间的关联性和相似性，抓住一点尽情发挥，引出对方未曾预料到的新的思路，从而达到征服对方的目的。这就是借题发挥的论辩技巧。

抗美援朝时，一位外国记者采访周总理，周总理刚批阅完文件，顺手把钢笔放在桌上。外国记者看见桌子上放的是一支美国生产的"派克"钢笔，便故意刁难地问："请问总理阁下，你们堂堂的中国人，为什么还要用美国生产的钢笔呢？"

周总理接过话头朗声笑着答道："提起这支笔，那可说来话长，这不是支普通的笔，是一位朝鲜朋友抗美的战利品，作为礼物送给我的。我无功不能受禄，就想谢绝，哪知朋友说，留下作个纪念吧！我觉得有意义，便收下了这支美国生产的钢笔。"

那记者听完后，一句话也说不出来。

周总理针对外国记者企图讽刺、讥笑中国落后的意图，巧借话题，说了这番风趣而又有分量的话。周总理用"战利品""作个纪念"和"觉得有意义"等词句暗示，这支笔正是正义力量强大的结果。

接过对方的话题发挥论辩口才，关键要抓住借来的话题与自己说的下文之间的内在联系，以一个词语或一句话去关联两种原来毫不相关的事物，使语句具有双重意义，并对对手所提的话题进行易位，以借题发挥的方法，使自己摆脱受击处境。

一位名叫丘浚的文人游杭州时，特地到灵隐寺拜访一个和尚。殊不知，那和尚生性势利，见他是一个穷书生，态度十分冷淡。刚好。此时有位大将军的儿子来访，和尚立即换了一副笑脸，拱手行礼，待为上宾。对比之下，丘浚十分气愤，等那位公子一走，便质问说："你为何对我这样不客气，对他又那样客气呢？"和尚双手合十，狡辩道："误会，误会，佛经曰：'有就是无，无就是有。'我表面上对他客气，其实是对他不客气；而我表面上对你不客气，内心就是对你客气呀！"丘浚听了，二话不说，举手朝和尚脸上打去，一边打一边说："如此说来，我打你就是敬你，不打你就是不敬你。"直打得和尚脸红耳赤，却又不能辩解。最后，和尚表示不敢再拿佛经上的言论来为自己狡辩了，丘浚这才住手。

丘浚这样做，是将和尚说的论据返还给他，使他认识到自己的错误。借题论辩运用掌握得好的人，可以借对方的话题来封住对方的嘴巴。

破解悖论的辩论策略

悖论，是一种奇特的逻辑矛盾。悖论的奇特之处在于当人们按常规推理要肯定某件事或某种道理时，却在不知不觉之间又把它们否定了。在辩论中，某些论敌的辩辞往往有意无意会含有悖论的因素，此时，辩论者如能慧眼明察，加以利用，并以此为突破口，巧妙地予以破解，必使论敌难以自圆其说而被击败，这就是论辩中的"悖论破解法"。"悖论破解法"一般说来有三种。

1. 用自我涉及方法使对方作茧自缚

一般的悖论，如果不涉及对方自我，往往不易发现其悖谬，而一旦把对方牵涉进去，则悖论立现。用对方自我涉及的方法来使对方作茧自缚，是破解对方悖论的绝妙方法。如：

某评论家评论某作家的作品，武断地说："您怎么能这样写呢？您已是第三次在作品里作这样的描写了。难道您不知道'第一个把女人比喻为花的人是天才，第二个是庸才，第三个是蠢材'这句名言吗？"作家答道："是的，您说得很对。不过您已经是第七次使用这句话了。"

在这里，评论家引用名言来批评作家屡次在作品中作相同的描写，作家及时抓住评论家多次用此名言去批评别人的把柄，让对方自我涉及，如果对方所讲的道理成立，那么对方也就是名言中所说的"庸才"与"蠢材"。如此，对方只能无言以对。

2. 用二难推理形式揭穿对方悖论的逻辑错误

凡是悖论，都隐含着自相矛盾的逻辑错误。破解对方的悖论，可以运用逻辑中的二难推理形式揭穿对方悖论的自相矛盾，使对方陷入进退两难、难以自圆其说的境地。有些诡辩学者主张"辩无胜"。对此，一位哲学家反驳道：

"你们既然和人辩论，又主张'辩无胜'之说，那么，请问，你们的'辩无胜'之说是对的呢，还是不对的呢？如果你们的说法是对的，那就是你们辩胜了；如果你们的说法是不对的，那就是你们辩败了，而别人辩胜了。由此可见，不是你们辩胜，就是别人辩胜，怎么能说'辩无胜'呢？"

在这里，哲学家慧眼识缪，机智地运用了逻辑中的二难推理形式，揭穿了对方"辩无胜"的矛盾，让对方自己打自己的耳光。

3. 用肯定其美言的方式揭露对方言行相悖

现实生活中，有的人说话冠冕堂皇，然而所作所为离其所讲的相距很远，这也是一种言行相悖之论。在辩论中，如果遇到这种情况，可以先极力肯定、赞美对方所说的美言，再以其美言反利其丑行，达到揭露其心口不一、言行相悖的目的，使其不得不收敛自己的丑行。例如：

春节将至，某局长助理到下属单位找到该单位负责人，暗示该单位负责人在年终时到局里拜拜年。这位下属单位负责人推辞说年终工作忙暂时去不了。该助理却进一步明示："我来时，局长说了，下属单位给我们送一点点，我们收一点点，但我们也要给上面送一点点，这样，我们局里的事就好办一点点，请你们还是要多多理解。"话已到此，该单位负责人只好说："你说局长说的这些话，我没有亲耳听到，可是上次局里开廉政会议，我可是亲耳听到局长讲话要求大家要抵制不正之风，反腐倡廉，局长还说要做好表率。你说的这些话，我感到和他在廉政会议上讲的正好相反，我们到底是按他在会上讲的还是按你传达的去执行呢？是否打电话请示一下局长？"说着，他就要去取电话。该助理见状，急忙说："别，别！就算我白来一趟。"说完，悻悻地走了。

在这里，这位下属单位的负责人，以其人之道，还治其人之身，当对方打出局长旗号时，他使用局长在廉政会议上冠冕堂皇的话，揭穿其言行相悖，使对方悻悻离去。

只要掌握了悖论破解法，当论敌论辩中有悖论之时，适时应用，就可以轻松击败论敌。

反驳诡辩的辩论策略

在现实生活中，有的人为了维护自己的观点或看法，往往会构设诡辩来向对方发难，陷对方于被动尴尬的境地。诡辩在辩论中固然厉害，但诡辩自身存在着语言模糊、内容矛盾、逻辑错误等方面的局限性，因此反驳诡辩可从以下三个方面打开突破口。

1. 逻辑方面

诡辩的逻辑如果是错误的，不妨顺着这个逻辑的错误将错就错，就地取材，重新构设一个诡辩进行反驳。请看下面的例子：

某校禁止学生在教室里穿拖鞋。一天下午，某班的"捣蛋鬼"男生梁勇又穿着一双拖鞋啪嗒啪嗒地进了教室，班主任王老师发现后让他从座位上站起来。

"我三令五申禁止穿拖鞋，你为什么还穿？"王老师问。

"对不起，我没穿拖鞋。"男生大声回答。

"什么，你脚上穿的不是拖鞋？"王老师提高了噪音。

"不是，是凉鞋。"男生语气坚定，还有意低下头望着自己脚上的鞋子。

全班同学的目光都移到了那个男生的鞋子上。这双鞋子原来是一双普通塑料凉鞋，不过现在鞋后跟全被剪掉了，看上去与拖鞋没有两样。

"鞋后跟全剪掉了，怎么是凉鞋？"王老师恼火地问。

"当然是凉鞋！这就像一个人的腿断了，他还是人，而不是狗！"梁勇昂起了头，大声反驳。

班上绝大多数同学都为王老师捏了一把汗，担心他下不了台。王老师先是一愣，但很快镇定下来。他盯着梁勇，不紧不慢地说："你的话好像很中听，不过，你的辩解是错误的。凉鞋之所以是凉鞋而不是拖鞋，最重要的在于凉鞋有鞋后跟，这就像一个人，如果他连最重要的头部都没有，那他就不再是人了。"男生顿时像泄了气的皮球，低下了头。

在这里，男生的诡辩在逻辑上明显是错误的，因为人断了腿固然是人，但无法据此推出凉鞋断了鞋后跟还是凉鞋。王老师思维敏捷地洞察到这个错误的逻辑，立即把思路从人的腿部移到人的头部，构设了一个同样逻辑形式的诡辩：既然人的头断了就再不是人，那凉鞋断了鞋后跟也就不再是凉鞋了。由于王老师这个诡辩后发制人，以谬制谬，所以这名男生不得不低头认错。

2. 语言方面

诡辩的语言如果含糊不清、模棱两可，可通过对其语言进行判断、分析，解释批驳他的荒谬观点和不实之词，阐明自己的立场和观点。请看老张和老刘的辩论——

老张问："在金钱和道德之间，你选哪一个？"

老刘不假思索地回答："当然选道德。难道你选金钱？"

老张诡秘地说："我是选择金钱，因为我缺少金钱。你选择道德，那是因为你缺少道德。"

老刘听了老张的不友好言语立即反驳说："你的话只讲对了一半。十分的道德，我已有九分，还缺少一分，所以我选道德；万贯的家财，你已有九千贯，但你还缺少一千贯，所以你选金钱。因此，准确地说，我选道德是我崇尚道德，你选金钱是你贪图金钱。"

从上例不难看出：老刘重义，老张重利。老张为了给老刘脸上抹黑，构设了一个以模糊语言为核心的诡辩以嘲讽老刘。这个诡辩的关键词语"缺少"在特定语境中是很模糊的，即包含了"缺得很多、缺得不多、缺一点点"等方面的意思。老刘的反驳针对"缺少"这一模糊的词语，用形象的语言清晰地把它量化出来，否定了自己"缺德"、老张"缺钱"的荒谬论断，最后用"崇尚"来褒扬自己对道德的追求，用"贪图"来贬斥对方对金钱的贪得无厌。

3. 内容方面

诡辩的内容如果是矛盾的，可先指明矛盾所在，然后再点出问题的实质。请看下面的例子：

某乡有几个地痞，经常偷鸡摸狗，欺压近邻，但派出所对这些人一直采取纵容态度，致使他们的气焰日益嚣张。乡党委书记找来派出所所长，两人有如下一段对话——

书记："那几个地痞胡作非为，你这个所长知道不知道？"

所长："知道。"

书记："既然知道，那为什么至今未对他们采取行动？"

所长："采取行动只是个时间问题，这就像喂猪一样，如果还没等到猪肥就杀了，那怪可惜的，不合算。这些地痞就像猪一样，现在还是'瘦瘦的'没喂'肥'，处罚起来没分量。这是个策略问题，群众不理解。"

书记："你的'肥猪论'太玄虚了，群众怎么会理解？猪是人们心甘情愿喂养的，而这些地痞，群众会甘愿喂养吗？还是听听我的'肥鼠论'吧。有个人养了一只猫，指望它捉老鼠，可这只猫却放任老鼠在家里吃谷子，结果主人家老鼠成灾。主人找猫来问罪，可猫振振有词地对主人辩解：'家里老鼠太瘦了，等到喂肥了再抓不迟。'你猜主人对猫会有什么看法？"

所长："这……书记的'肥鼠论'更有哲理，我是一时糊涂，现在马上就把那几只'老鼠'抓起来。"

在这个事例中，所长企图用"肥猪论"为自己工作失职辩解，但书记一语道破了"肥猪论"在内容上的荒谬，即猪是人们自愿喂养的，而地痞则相反，二者不能相提并论。揭露批驳所长的"肥猪论"还不够，书记又引出"肥鼠论"，形象生动地说明了地痞横行不法，派出所放任不管，群众遭殃的事实，含蓄地指责了所长主观的荒唐，工作的失职。所长再不表态自己失误，其利害关系就不言而喻了。

只要能在这三个方面中的任何一个上找到突破口，就可以轻松反驳论敌的诡辩。

第 **10** 章
掌握出奇制胜的沟通方式

　　谈判是一种为了获取最大的利益而展开的高级沟通方式。一般来说，谈判是实力、智力、精力、毅力、语言表达能力、思维反应能力、交际能力等方面的大较量。要想赢得谈判就要了解谈判，必要时刻出奇制胜。

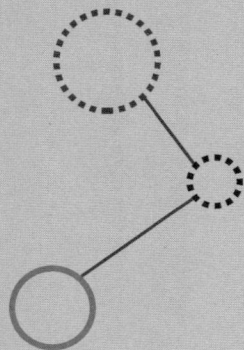

已开始形成良好的气氛

每一场谈判都有其独特的气氛。有的谈判气氛十分热烈、积极、友好，双方都抱着互谅互让的态度参加谈判；有的谈判气氛很冷淡、紧张，双方抱着寸土必夺、寸利必争的态度参加谈判；更多的谈判气氛是介于上述两个极端之间，热中有冷，快中有慢，对立当中存在友好，严肃当中包含轻松。谈判气氛的选择和营造应该因人而异，但必须服务于谈判目标、方针和策略。

如果谈判一开始形成了良好的气氛，双方就容易沟通，便于协商，所以谈判人员都愿意在一个良好的气氛中进行谈判。如果谈判一开始双方就怒气冲天，见面时拒绝握手，甚至拒绝坐在一张谈判桌前，那么对整个谈判来说就会蒙上一层阴影。

根据互惠谈判模式的要求，洽谈双方应当共同努力，来寻求互利互惠的最佳结果。这种方式的谈判，需要洽谈之初便有良好的基础。所以首先要建立一种合作的气氛，然后有一个顺利的开端，接下来双方融洽地进行工作。当然了，谈判气氛不仅受开局瞬时的影响，双方见面之前的预先接触和洽谈期间的交流都会对谈判气氛产生影响，但谈判开始瞬间的影响最为强烈，它奠定了整个谈判的基础，此后，谈判的气氛波动比较有限。因此，为了创造一个合作的良好气氛，谈判人员应该做到以下几点。

1. 谈判人员应该径直步入会场

以开诚布公的、友好的态度出现在对方面前，肩膀要放松，目光的接触要表现出可信、可亲和自信。心理学家认为，谈判人员心理的任何微妙的变化，都会通过目光表现出来。

2. 行动和谈吐要轻松自如

不要慌慌张张、毫无涵养。可先谈论些轻松的、非业务性的随意话题。如来访者旅途的经历，体育表演或文艺消息，天气情况，私人问题以及以往的共同经历和取得的成功等。这样的开场白，可以使双方找到共同语言而为心理沟通做好准备。实际上，在闲聊中，双方已经开始传递无声的信息了。因为，从谈判人员双方的姿势上可以反映出他们是信心十足，还是优柔寡断；是精力充沛，还是疲惫不堪等。反映这些情绪的关键部位是头部、背部和肩部，为此谈判人员的行动也要显得轻松自如，否则就先输了一招。

3. 谈判人员的服装仪表一定要符合自己的形象

服饰要美观、大方、整洁，颜色不要太鲜艳，式样不能太奇异，尺码不能太大或太小。虽然各国、各地区经济发展水平不同，风俗习惯也有差异，服饰方面不能一概而论，但干净、整洁在任何场合都是必要的。

4. 注意手势和触碰行为

双方见面时，谈判人员就应该毫不迟疑地伸右手与对方相握。握手作为一个相当简单的动作，可以反映出对方是强硬的还是温和的，是鲁莽的还是理智的。

在西方，一个人如果用右手与对方握手的同时，把左手放在对方的肩膀上，说明此人精力过于充沛或权力欲很强，对方会认为"这个人太精明了，得小心一点"。同时要注意，任何场合最忌讳的莫过于拉下领带、解开衬衫纽扣、卷起衣袖等动作，因为这将使人产生你已精疲力竭、厌烦等印象。

5. 谈判人员在开场阶段最好站着谈话

小组成员也没有必要围成一个圆圈，最好是自然而然地把谈判双方分成若干小组，每组中有一两名成员。总之，谈判气氛对谈判进程是极为重要的，谈判人员要善于利用灵活的技巧来影响谈判的气氛。只有建立一种诚挚、轻松、合作的洽谈气氛，谈判才有望获得理想的结果。

谈判开始时的入题技巧

谈判开始时，要避免剑拔弩张的气氛，这就需要掌握入题的技巧。

这种时候，采取迂回入题的办法，可以消除这种尴尬状况，平息自己的情绪，使谈判气氛变得轻松、活泼，为谈判成功奠定一个良好的基础。

迂回入题，做法很多。

1. 可以从题外话入题

你可以谈谈关于气候的话题。如："今天真冷。""今年的气候很怪，都 11 月了，天气还这么暖和。""还是生活在南方好啊，一年到头，温度都这么适宜。"

2. 可以谈有关旅游的话题

如："广西桂林真是山水甲天下，各位去过没有？""我国的兵马俑堪称世界一绝，没有去看那是一大遗憾。""各位这次经过泰山，有没有去玩玩，印象如何？"

3. 可以谈有关新闻的话题

如："昨天的龙马大战，皇马的六大巨星真是神勇，不费吹灰之力，就让中国龙队净吞四蛋。"

4. 可以谈有关旅行的话题

如："各位昨天的航班正点吗？一路上辛苦了。""这里飞机票一向不好买，各位哪天走，最好提前几天买票。"

5. 可以谈有关名人的话题

如："听说某影星要出任某巨片的主角，这真是再恰当不过的人选了，很可能要拿'百花奖'什么的。""××告别体坛了，他这么年轻就退役，实在可惜。"题外话话题丰富，不必事先准备或刻意修饰，信手拈来即可，是一种简单、有效的入题技巧。

6. 从客套话入题

如对方为客，来到己方所在地谈判，应该谦虚地表示各方面照顾不周，没有尽好地主之谊，请谅解，等等。

7. 可以由主人介绍一下自己的经历

主人先主动说明自己缺乏谈判经验，希望各位多多指教，想通过这次谈判建立友谊，等等。

8. 从介绍人员入题

可以在谈判前简要介绍一下己方人员的经历、学历、年龄、成果等，由此打开话题，既可以缓解紧张的情绪，又不露锋芒地显示了己方强大的阵容，使对方不敢轻举妄动，等于暗中给对方施加了心理压力。

9. 从介绍情况入题

谈判开始前，先简略介绍一下己方的生产、经营、财务等基本情况，提供给对方一些必要的资料，以显示己方雄厚的实力和良好的信誉，坚定对方与你合作的信心。

谈判时的陈述技巧

陈述是谈判的主要内容，也是实现谈判目的最重要的手段。谈判者在整个谈判过程中必须对自身严格约束，不允许有任何自由主义作风。这就要求谈判者在陈述时既不能信口开河，又不能把对方想知道的情况坦诚相告，而且还要准确地表达自己的观点与见解，并表达得有条有理、恰到好处。

1. 转折语

转折语是谈判中陈述某种观点的技巧之一，谈判中如遇到问题难以解决，或者有话不得不说，或者接过对方的话题转向有利于自己的方面，都要使用转折用语。

例如"可是""但是""虽然如此""不过""然而"等，这种用语具有缓冲作用，可以防止气氛僵化。既不致使对方感到太难堪，又可以使问题向有利于自己的方向转化。

2. 解围语

当谈判出现困难，无法达成协议时，为了突破困境，给自己解围，可以运用解围用语。例如："真遗憾，只差一步就成功了。""就快要达到目标了，真可惜。""行百里者半九十，最后的阶段是最难的啊。""这样做，肯定对双方都不利。""再这样拖延下去，只怕最后结果不妙。""既然事情已经到了这个地步，懊恼也没有用，还是让我们再做一次努力吧。"

这些解围用语，有时能产生较好的效果，只要双方都有谈判诚意，对方可能会接受你的意见，促使谈判成功。

3. 弹性语

无论何种谈判，话都不能说得太过，更不能说得太死，对不同的谈判者，应"看人下菜碟"。如果对方很有修养，语言文雅，己方也要采取相似语言，谈吐不凡。如果对方语言朴实无华，那么己方用语也不必过多修饰。如果对方语言爽快、耿直，那么己方就无须迂回曲折，也应打开天窗说亮话，干脆利落地摊牌。

总之，在谈判中要根据对方的学识、气度、修养，随时调整己方的说话语气、用词，这是双方沟通思想、交流感情的有效方法。从人的听觉习惯去考察，在某一场合，他对听到的第一句话与最后一句话，常常能留下很深的印象。在谈判中假如你以否定性话语来结束会谈，那么，这否定性话语会给对方一种不愉快的感受，并且印象深刻。同时，对下一轮谈判将会带来不利影响，甚至危及上一轮谈判中谈妥的问题或达成的协议。所以，在谈判终了时，最好能给予谈判对手以正面的评价。

例如："您在这次谈判中表现很出色，给我留下了深刻的印象。""你处理问题大刀阔斧，钦佩，钦佩。"不论谈判结果如何，对参与谈判的人来说，每一次谈判都是谈判各方的一次合作过程。

因此，一般情况下谈判结束时向对方给予的合作表示谢意，既是谈判者应有的礼节，对今后的谈判也是有益的。

谈判中的提问技巧

在谈判中，获得信息的一般手段是提问。为了解对方的想法和企图，必须十分机警，利用各种方法和技巧去探知对手的需要。通过提问，除了可以从中获得众多的信息之外，还常常能发现对方的需要，知道对方追求什么，这些都对谈判有很大的指导作用，另外，提问还是谈判应对的一个手段。

不同的谈判过程，获得信息的提问方式不同。一般提问有以下几种方式：

一是一般性提问，如"你认为如何？"；

二是直接性提问，如"谁能解决这个问题？"；

三是诱导性提问，如"这不就是事实吗？"；

四是探询性提问，如"是不是？""你认为呢？"；

五是选择性提问，如"是这样，还是那样？"；

六是假设性提问，如"假如……怎么办？"。

这六种类型的提问方式，是有用的谈判工具，我们必须有选择地、灵活地运用这一工具。

1. 提问要恰当

如果提问规定的回答方式能够得到使对方接受的判断，那么这个问题就是一个恰当的问题，反之就是一个不恰当的问题。所以，在磋商阶段，谈判者要想有效地进行磋商，首先必须确切地提出争论的问题，力求避免提出含有某种错误假定或敌意的问题。下面这个故事可以说明提出恰当问题的重要性。

有位牧师问一位长老："我可以在祈祷时吸烟吗？"他的请求遭到严厉的拒绝。另一位牧师再问同一位长老说："我可以在吸烟时祈祷吗？"因为提出问题的措辞不同，投长老之所好，他被允许了。

2. 提问要有针对性

也就是说一个问题的提问要把问题的解决引到某个方向上去。在磋商阶段，一方为了试探另一方是否有签订合同的意图，是否真正需要这种产品，谈判者必须根据对方的心理活动运用各种不同的方式提出问题。比如，当买主不感兴趣、不关心或犹豫不决时，卖主应问一些引导性问题："你想买什么东西？""你愿意付出多少钱？""你对于我们的消费调查报告有什么意见？""你对于我们的产品有什么不满意的地方？"……提出这些引导性的问题后，卖方可根据买方的回答找出一些理由来说服对方并促成对方与自己成交。

例如，卖方看到买方对他们生产的洗衣机不太满意，就问对方在哪些方面不满意。

买方答："我不喜欢产品的外形，乍看上去不结实。"

卖方说："如果我们改进产品的外型，使之增加防腐能力，你会感到满意吗？"

买方答："就这一点而言，那当然好，不过交货时间太长了。"

卖方问："如果我们把交货时间缩短，你能马上决定购买吗？"

买方答："完全可以决定。"

这样，卖方针对买方的要求，提出一些可供商榷的问题，使买方接受了自己的观点。

提出问题是很有力量的谈判工具，因此在应用时必须审慎明确。问题决定讨论或辩论的方向，适当的发问常能指导谈判的结果。发问还能控制收集情报的多寡并可以刺激你的对手慎重地考虑你的意见。为了答复你的问题，你的对手不得不想得深入一点——他会更谨慎地重新检测自己的前提，或是再一次评估你的前提，审慎运用问题，使你能轻易地引起对手立即的注意和使之对问题保持持久的兴趣。此外，经常地提出问题，你的对手会被导向你所期望的结论。

要给自己留有思考时间

在谈判中，提问者提出问题，请求对方回答，很自然地会给答话者带来一种压力，似乎非马上回答不可。很多人有这样一种心理，就是如果在对方问话与己方回答问题之间停留的时间越长，就越容易给对方以己方对这个问题没有考虑和准备的感觉。而对答如流，就显示出己方的准备很充分。其实，在谈判的过程中对问题回答的好与坏，不是看你回答的速度快慢，它与竞赛抢答是性质截然不同的两回事。

　　面对对方的提问，谈判者应该给自己留一些思考的时间，搞清对方提问的真实意图，再决定自己的回答方式和范围，并预测在己方答复后对方的态度和反应，考虑周详之后再从容作答。如仓促回答，很容易进入对方预先设下的圈套，或是暴露本方的意图而陷于被动。可以借鉴的经验是，在对方提出问题之后，你可以点支香烟或喝口茶水，或调整一下自己的坐姿，也可以挪动一下椅子，整理一下桌子上的资料文件，或翻一翻笔记本，借助这样一些很自然的动作来延缓时间，考虑一下对方提出的问题。对方看见你这些得体自然的举动，自然也就减轻和消除了上述那种心理感觉。

不要回答不了解的问题

　　谈判者为了获取信息，占据主动，自然会利用提问来套取有利的信息，问话中往往暗藏"杀机"，如果贸然作答，很可能会掉进陷阱。因此，在不了解问话的真正含义之前，千万不要贸然回答，以免暴露己方的底细，把不该说的事情说出来。在谈判中，答话一方的任何一句话都近似于一句诺言，一经说出，在一般情况下很难收回，因此，对问题一定要考虑充分，字斟句酌，慎重回答。

不要毫无保留地作答

　　在谈判中有时回答越明确、全面，就越是愚笨，回答的关键在于该说什么不该说什么。有些问题不值得回答，有些问题只需局部回答，如果你老老实实地"全盘托出"，就难免暴露自己的底细，给己方造成被动。同时，当你"全盘托出"之后，对方不需继续提问就获得了对他们有用的信息，这样就堵塞了对方向你继续反馈交流的通道。

一般情况下，当对方提出问题，或是想了解我方的观点、立场和态度，或是想确认某些事情时，我们应视情况而定。对于应该让对方了解，或者需要表明我方态度的问题要认真作出答复，而对于那些可能有损己方利益或无聊的问题则不必作出回答。总之，谈判者为了避免答复中的失误，可以自己将对方问话的范围缩小，或者对回答的前提加以修饰和说明，以缩小回答的范围。

减小对方追问的兴致和机会

在谈判过程中，提问者常常会采取连续提问的方式，环环相扣，步步紧逼，使答话者陷于被动，落入圈套。因此，谈判者在进行答复时尽量不要留下尾巴，授人以柄，让对方抓住某点继续提问，而要尽量遏制对方的进攻，使其找不到继续追问的借口。例如在答复中点明"我们考虑过，情况没有你说的那么严重"来降低问题的意义；或是表达"现在讨论这个问题还为时过早"，以时效性来抑制对方的追问。

答话虽然受到问话的限制，在谈判中处于被动地位，但是一个优秀的谈判者可以通过巧妙的答话，变被动为主动，在谈判中抢占上风。

在《新约·约翰福音》中有一个故事：犹太人的教师和法利赛人带来了一个在通奸时被抓到的女人，当众问耶稣："按摩西的法律，这个犯了行淫罪的女人应该用石头打死，你说怎么办？"这是法利赛人设下的圈套。耶稣如果不同意，那就违反了摩西的法令；假若同意，声称为"救世主"的耶稣就要对打死人负责。取稣回答说："你们中谁没有犯过错误，谁就拿石头砸死她吧。"众人反躬自问，都觉得自己并不干净，一个个走开了，那个女人由此得救。这正是耶稣在回答中巧妙地提出附加条件，才使问题解决得十分圆满，无懈可击。

用策略打破谈判僵局

打破僵局还需要运用一定的策略，用策略去打破僵局，这样做不但有利于谈判的顺利进行，还可能取得谈判的主动权，为取得有利的谈判成果夺得先机。一般认为，在谈判中出现僵局时，可采取以下策略。

1. 要头脑冷静

切不可言语冲动，刺激对方。"良言一句三冬暖，恶语伤人六月寒"，言辞尖刻会形成感情对立，对打破僵局极为不利。

2. 更换谈判团成员

让可能刺激对手的成员离开。非常有经验的谈判家不会触怒对方，可要求影响谈判结果的成员离开，因为他可能导致谈判失败。现在是减轻对方压力的时候，可以让这些人从你的团队里离开，作出让步。

3. 用不同的方法重新解释问题

提供新的理由、新的信息以探讨更广泛的问题；找到一个桥梁，使需求部分达成某些方面的一致。

4. 谈论一些轻松的话题

或者讲一则娱乐新闻，或者讲一个有趣的故事，以此来缓解紧张气氛。

5. 审查过去或将来的需求

一同揣摸达不成协议的后果，然后制定补救方略。

6. 由双方人员建立一个特别工作组

有针对性地解决问题。

7. 提出有附加条件的建议

使双方都有妥协的理由，进而使谈判顺利进行。

8. 采取暂时休会的方式

使双方冷静头脑，整理思路，寻求解决策略。对己方来说，在休会前最好对自己的方案再进行一次详尽的解释，提请对方在休会时进一步考虑。

9. 试着改变谈判室的气氛

如果谈判中关于双赢的重点已陷入低迷，试着将它变得更具竞争性。如果谈判已很难控制，试着打开更多的双赢通道。

10. 对双方已谈成的议题进行回顾总结

回顾与总结可消除僵局造成的沮丧情绪。或者先谈双方较易达成一致的议题，待双方都有一定满足感后再谈僵局中的问题。比如，可以鼓励对方："看，我们已经解决了许多问题，现在就剩这些了，如果不一起解决的话，那不就太可惜了吗？"

运用一些特殊的口头语

在谈判中，巧妙运用一些常见的口头语，会起到特殊的谈判效果。

1. "顺便说说"

一个说"顺便说说"的人，意即某事突然出现于心田，他想赶快告诉你以免遗忘。此用语暗示是这句话不重要。可是实际上，使用这用语的人真正要说的是，讨论中的论点对他们是很重要的，请注意听。

2."坦白地说"

这个措辞很奇特。逻辑上，以"坦白地说"开头的论点暗示着对方在其他论点上并不坦白、诚实。不过，使用此措辞的人真正要表达的是："你要特别留心我即将要说的话，因为我认为这句话很重要。"此措辞并不和坦白、诚实有绝对相关之处，只是一条线索，表明你的对手将要说些重要的话，值得你注意聆听。

3."在我忘记之前……"

此措辞类似于"顺便说说"，表面看来并不重要，不过隐藏着对手很重要的论点。如果你仔细想想，会觉得此措辞实在荒谬可笑，不过它被使用的频率颇高，谈判者应视它为信号，表示就提及对谈判来说颇重要的事。

4."不过……"

这是在谈判中经常被使用的一种说话技巧。有一位著名的电视节目主持人在访问某位特邀嘉宾时，就巧妙地运用了这种技巧："我想你一定不喜欢被问及有关私生活的情形，不过……"这个"不过"等于一种警告，警告特邀嘉宾虽然你不喜欢，不过我还是要……在日常用语中，与"不过"同义的，还有"但是""然而"等，以这些转折词作为提出质问时的"前导"，会使对方较容易作答，同时又不致引起其反感。"不过"具有诱导对方回答问题的作用。前面所说的那位主持人，接着便这么问道："不过，在电视机前面的观众，都热切地希望能更进一步地了解有关你私生活的情形，所以……"被如此巧妙地一问，特邀嘉宾即使不想回答，也难以拒绝了。

5."如果……那么……"

策略能使谈判的形式不拘泥于固定模式，用在谈判开始时的一般性探底阶段，效果是相当明显的。例如，在谈判中，不断地提出如下种种问题："如果我再增加一倍的订货，价格会便宜一点吗？""如果我们自己检验产品质量，你们在技术上会有什么新的要求吗？"在试探和提议阶段，这种发问的方法，不失为一种积极的方式，它将有助于双方为了共同的利益而选择最佳的成交途径。然而，如果谈判已十分深入，再运用这个策略只能引起分歧。如果双方已经为报价做了许多准备，甚至已经在讨价还价了，而在这时对方突然说："如果我对报价做些重大的修改，会怎么样？"这样就可能有损于已形成的合作气氛。

以上所列举的要点看似简单，其实不然，不要只是看看就算了，想想各个要点，考虑如何运用在你的谈判上。一旦你成为一个善用口头语之人，你会发现人们愿意和你说话，而你的知识也会随之大增，你也将获得更多人的敬重。

第 11 章
掌握步步
为营的
沟通方式

　　说服是一门学问，是沟通这门大学问中的小
学问。强有力的说服力使我们能够在一些关键的
时刻说服他人，顺利达成自己的目的。

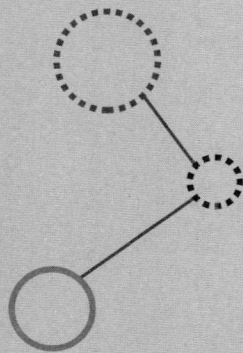

说服是种良性的沟通方式

我们在日常工作中经常面对意见分歧，经常遇到与自己想法不同的人。怀有分歧、心存反对的人无非就是在方向选择和对利益的认识上有所不同。尽管分歧乃至对立会使人们的关系变得紧张，但黄金准则在这时能帮上忙。黄金准则就是说，你希望别人如何对待一个持不同意见的你，你就应该如何去对待那些持不同意见的别人。

就此而言，当你不同意他人的观点和看法时，或面对那些与你存在分歧甚至对立的人时，站起来与他针锋相对地争论一番并非上策。在日常生活中我们经常看到，即使是那些无关痛痒的事，如果较起真来，都会导致针锋相对的激烈场面。在争论中每一方都试图压倒对方，但这并不解决任何问题，相反只会伤了彼此的和气，严重的还会破坏彼此的关系。

而说服不是斗争性、对抗性的。在试图说服那些与自己意见不一致的人时，我们不是把他们当作对手或敌人，而是当作平等的伙伴，不是为了让他们言听计从，而是为了让他们接受那些对他们有益却因为种种原因还没能理解的东西。说服是一种和平的事业，即使争吵，取胜的一方也要和"失败"的一方和平相处。一旦考虑到这种"和平共处"的价值，在语言上战胜对方就绝非上策了。

美国科学家、政治家本杰明·富兰克林在他还是涉世不深的青年时，有个关心他的人对他说："本杰明，你真是无可救药。对意见与你相左的人，你总是粗鲁地加以侮辱，致使他们也不得不尽力反击。你的朋友认为，若是你不在他们身旁，他们会更快乐自在。你懂得太多，所以他们觉得自己没有什么话可以对你说。"这一番话对富兰克林起了警醒的作用，他在自传中写道：
"从此之后，我立下规则，我不再直接反对并伤害别人，也不过于伸张自己的意见。假如有人提出某种主张，而我认为是错的，我不再粗鲁地与他们争辩。相反地，我先找出一些特定的事例，证明对方可能也是对的，只是在目前状况下，这些看法'似乎'有些不妥。"结果，富兰克林发现情况有奇迹般的转变："经过这样的改变后，我发现受益颇多。和别人交谈，气氛显得愉快了，由于采取一种谦和的态度，别人在接受我的意见时也不会发生争论；如果我是错的，则不会有人攻击我而使我受辱；而在'我对，别人错'的状况下，则更容易说服对方转而同意我的看法。"富兰克林由此走上了一条成功之路，使他的智慧为越来越多的人所承认。他的思想也影响了他生前及逝后的几代美国人，他也成为一代历史伟人。

说服，或真正的说服力就是形成被说服者的内在服从效应。它与借助权力的威胁不同之处在于，说服者认为他与被说服者是平等的，被说服者具有某种观点、看法、态度及采取某种行为方式的自由。与交换、魅力所形成的确认式服从不同，在形成内在式服从的过程中，说服者也许根本就没有什么魅力或利益上的吸引力，被说服者之所以服从并不是因为说服者的缘故，说服者提供的信息才真正具有价值，起到修正或者改变被说服者的感知方式、理解及解释方式的作用，从而使内在化服从者最终对身边的事物采取了一种新的反应及行为方式。

先透彻了解别人的意见

"知己知彼、百战百胜"这句老话，是很有道理的。战争如此，说服人也必须如此。在说服对方之前，必须透彻地了解被说服对象的有关情况，以便有针对性地进行工作。了解的内容主要有：

1. 了解对方性格

不同性格的人，对接受他人意见的方式和敏感程度是不一样的。如：是性格急躁的人，还是性格稳重的人；是自负又胸无点墨的人，还是有真才实学又很谦虚的人。掌握了对方的性格，就可以按照他的性格特征，有针对性地进行说服。

2. 了解对方的长处

一个人的长处就是他最熟悉、最了解、最易理解的领域。如有人对部队生活熟悉，有人对农村生活比较熟悉，有人擅长于文艺，有人擅长于语言，有人擅长于交际，有人擅长于计算等。在说服人的时候，从对方的长处入手。（1）能和他谈到一起去；（2）在他所擅长的领域里，谈论起来他容易理解，便容易说服他；（3）能将他的长处作为说服他的一个有利条件，如一个伶牙俐齿、善于交际的人，在分配他做供销工作时可以说："你在这方面比别人具有难得的才能，这是发挥你潜在能力的一个最好机会。"这样谈既有理有据，又能表明领导者对他的信任，还能引起他对新工作的兴趣。

3. 了解对方的兴趣

有人喜欢绘画，有人喜欢音乐，还有人喜欢下棋、养鸟、集邮、书法、写作等，人都喜欢从事和谈论其最感兴趣的事物。从这里入手，打开他的"话匣子"，再对他进行说服，比较容易达到说服的目的。

4. 了解对方的其他想法

一个人坚持一种想法，绝不是偶然的，他必定有自己的理由，而且他讲的道理一般都符合国家政策、集体的利益或人之常情。但这常常不是他的真实想法，他的真实想法也许怕拿出来被人瞧不起，难以启齿。如果领导者能真正了解他的"苦衷"，就能有针对性地加以解决。

5. 了解对方当时的情绪

一般来说，影响对方情绪的因素有：一是谈话前对方因其他事所造成的心绪仍在起作用；二是谈话当时对方的注意力正集中在别处；三是对说服者的看法和态度。所以，说服者在开始说服之前，要设法了解他当时的思想动态和情绪，这对说服的成败是一个重要环节。

凡此种种，你都要悉心研究，才能够有针对性地采取你说服的方式。

了解对方是有如此多学问的。许多人不能说服别人，是因为他不仔细研究对方，不研究用适当的表达方式就急忙下结论，还以为"一眼看穿了别人"。这就像那些粗心的医生，对病人病情不了解就开了药方，当然没有不碰钉子的。

明确要说服对象的态度

当试图平等、理智而公允地说服别人时，被说服者可能有三种类型，这就是支持者、反对者、中立者。对于这三种可能的态度，如果细致地区分，还需了解其态度的强烈程度，从而还可以区分出积极、坚定的支持者与勉强、消极的支持者；坚定的反对者与脆弱或温和的反对者；有所偏向的中立者。有必要认真对待这种区分，因为，说服坚定的反对者与说服温和的反对者其方式与方法是不同的。

说服的主要对象是中立者与反对者，在识别出他们持有哪种态度的同时，还应考虑到这些人的人数，因为说服的工作量及复杂性将因有待说服的对象之数量而同步增长。尤其当这些人构成了可以识别的反对者"群体"或中立者"集团"时，他们内部之间就会因一种连带关系诱导出一种相互服从。一旦反对者公开陈述其立场，并说服其他人也支持他的观点，对这种反对者群体的说服就会变得极其艰难。在准备进行说服时需要做好计划，预想到说服工作将可能是一个漫长的过程，从而保持一种充分的耐心。《三国演义》中，诸葛亮为说服云南边族归降蜀汉政权，六次将俘获的酋长孟获放走，直到他第七次被俘，才心悦诚服地归降。七擒孟获的故事表明了一个英明统帅的信心与耐心。

对于有待说服的对象，不管是一个人还是 1000 人，在说服之前应确定其所持的态度，估计其所处的立场，由此估算出相对于你所要求的目标与他们之间的距离。管理学家弗兰克·K·索伦伯格在他的《凭良心管理》一书中，对企业成员对待自己工作及本企业的态度作了分析，认为企业成员在最低限度上可能持一种漠然的态度，在最高境界上则会具有一种奉献精神。从漠然到奉献式的投入会经过下述几个阶段：

1. 漠然的态度

这些人只会呆在办公室里看报纸，坐等下班，永远也提不出什么建议或自告奋勇去做什么事情。他们接受工作分配，记下最后期限，毫无什么反应，一副无精打采的样子。

这种消极的情绪具有传染性。

2. 满腹牢骚的态度

这些人没有达到他们希望、要求和期望的目标，但仍抱有一丝希望，想通过发发牢骚来改变现状。给他们分配另外一些日常工作时他们会很不高兴，非得他们认为可以了才会去做。与他们交谈并保持倾听态度，你会发现有什么事情在使他们烦恼。如果你无视他们发出的信号，他们会变得漠然处之或激动之下撂挑子。

3. 顺从的态度

这些人仅仅满足于自己应尽的职责，他们不愿做任何使其与众不同的事，他们只是安于现状。

4. 有明确目标的态度

卓有成效的企业管理制度使这些人心情愉快，全心全意地工作，对现状满意乐观。在这一阶段，人们与其说是为企业的成功而工作还不如说是对个人的成功而努力拼搏。如果有其他单位提供更好的机会，他们也有可能跳槽。

5. 忠诚的态度

工作对这些人是一种乐趣，他们相信自己在做有意义的贡献，也相信得到了公平的待遇与报酬。他们更关心集体，更少考虑个人。但忠诚不一定总能激发创造性，忠诚未必使人能进行独立思考，也不意味着主人翁精神和自我更新的冲动。

6. 奉献的态度

这些人在忠诚的基础上又迈进了一步。他们深受企业价值观的影响，因此能不断为企业的成长寻找新方法。他们的激情、热诚、主人翁精神对其他员工有感召力。

持续而有效的说服过程，就在于实现组织成员们从漠然处之的态度向积极奉献的主人翁态度的逐步过渡，从而最终使组织成员成为一个具有奉献精神的群体。卓越的组织是由卓越的人组成的，卓越的人不仅仅是能力、才华上的优异，而且更是一种精神上的卓越，一种追求卓越的精神。奉献的态度将使人的能力与才华不断地卓越起来。

从对方的心理开始

我们所遇到及交往的每个人，都有自己的心情，都有对环境感知及判断以形成决策、作出反应的能力。而且他们的感知与思维模式在遇到我们之前就有，具有相对的稳定性。每一个人的内在精神结构，从心理学上讲，就是人的心理活动中的潜意识的内容，它决定了人们感知事物及对他人的态度。每个人对于接收到的信息的反应，都是内化于潜意识中的观念以及知识的结果。在这一点上，人同此理。

因此，应当认识到，正如你自己一样，在人们与你交往时，他们早已在生活的过程中，由于广泛而持续的社会影响已处于某种内在化服从状态中了，人们所具有的潜意识的精神结构就是一种内在化服从的结构模式。人不是没有特定内在服从结构、精神结构的抽象的人，总是某种信念的接受者。例如，有的人认为工作不过是谋生手段，而有的人把工作当作事业。人们还可能受到你之外的其他人的吸引或威胁，与这些人有某种确认式服从或表面服从。更重要的是，在接受说服时，人们往往还要服从自己的心情，好恶，更注意一些东西而忽略另一些东西等等。这些都是在你要说服别人时，必须要考虑到的。

这就是为什么说服是一件具体而困难的工作。你所面对的每一个人，同你一样，都置身于一定的、既成的服从结构之中。你所展开的说服过程，意味着对对方以往服从结构的调整，而这一结构却隐而不彰，无从深入了解。考虑到被说服者内在、复杂的服从结构，当你进行说服工作，试图影响对方建立新的服从模式时，只有使自己所提供的新观念、新看法能最终在对方调整过的内在服从结构中找到应有的位置。

无论在日常交往或工作环境中，说服、影响都只是通过人与人的直接或间接的沟通实现的。领导的说服工作，可以通过直接交谈进行说服；也可以通过会议、演讲，系统而有计划地进行说服；还可以运用组织内的传播工具，比如文件、刊物以及文化手段如仪式、英雄塑造、环境及服饰的风格进行说服等等。但是，无论采用什么方式，要使被说服者能真正形成内在服从，就必须触及他们的灵魂或潜意识，只有能影响人的潜意识的信息才是真正有说服力的。

我们知道，人的情绪是一个具有两极波动的心理状态，定义与理解一种情绪的方法就是给出它的两极，并把情绪看作为两极之间的连续体。正面信息可以使人产生正面的心理效应，反面信息则使人产生负面效应。在对人进行说服时，说服者可以通过综合提供正反两方面的各种信息，激发接受者的情感波动，真正做到不仅晓之以理，而且动之以情，创造明显的说服效果。

把有说服力的信息合理地组织起来，是说服沟通过程中应重点考虑的策略要素。在此应认识到，在说服的过程中，被说服者的内心充满了激烈的思想斗争与情绪波动。因此，所提供的信息应能强化那些有助于说服的情绪波动，避免相反的不利的情绪反应。而要做到这一点，就要既有目标计划，又有方式策略，尤其是要在整个说服过程中注意对方的情绪波动，对症下药，不失时机地把说服工作引向深入。

了解说服对方的原则

要想说服别人应掌握以下说服对方的原则：

1. 要找到被说服者的需要和动机

因为人的任何行为都是有一定动机的，而动机又是由需要决定的，所以要做好说服工作，就要先找到对方的需要和动机。

2. 利益在先，道理在后

这即是利益原则。不管讲什么事，要想说服人，就应该有意识地把人们的利益摆在前头，并要联系人们的利益去讲道理，这样才能收到好的效果。其实，说服的利益原则，应该是我们做好说服工作的起点和归宿。

3. 留有选择权

不管你的权威多大，人们都不喜欢你去强迫他，这就是人的一种保护自身自由的心理。所以，一则，要给人以选择结果的余地。领导者可以指明方向、创造条件，但要由人们自己去选择行为的结果。二则，即便是我们在给人们选择结果，也应该造成是自己在选择自己结果的心理和认识。这是一种领导艺术。

掌握说服的基本方法

有些人要说服人经常犯的弊病，就是先想好几条理由，然后去和对方辩论；还有的是站在长辈的立场上，以教训人的口吻，指点别人该怎么做。这样一来就等于先把对方推到错误的一方，因此，效果往往不好。说服人的方法和技巧很多，以下几种是比较实用和简便的：

1. 用高尚的动机来激励他

在一般情况下，每个人都崇尚高尚的道德、正派的作风，都有起码的政治觉悟和做人道德。所以，在说服他人转变看法的时候，一个有效的办法就是用高尚的动机来激励他。比如对他说这样做将对国家、公司带来什么好处，或将对家庭、子女带来什么好处，或将对自己的威信有什么影响，等等。这往往能够很好地启发他，让他做应该做的事。

2. 用热忱的感情来感化他

当说服一个人的时候，他最担心的是可能受到的伤害，因此，在思想上先砌了一道墙；在这种情况下，不管你怎么讲道理，他都听不进去。解决这种心态的最有效办法就是用诚挚的态度、满腔的热情来对待他，在说服他的时候，要真情流露来感化他，使他从内心受到感动，从而改变自己的态度。

3. 通过交换信息促使他改变

实践证明，不同的意见往往是由于掌握了不同的信息所造成的。有些人学习不够，对一些问题不理解；也有些人习惯了传统做法，对新的做法不了解；还有些人听人误传，对某些事情有误解，等等。在这种情况下，只要能把信息传给他，他就会觉察到行为不是像原来想象的那么美好，进而采纳说服者的新主张。

4. 激发他主动转变的意愿

要想让别人心甘情愿地去做任何事，最有效的方法，不是谈你所需要的，而是谈他需要的，教他怎么去得到。所以有人说："撩起对方的急切愿望，能做到这一点的人，世人必与他同在；不能的人，将孤独终生。"

探察别人的观点并且在他心里引起对某项事物迫切需要的愿望，并不是指要操纵他，使他做只对你有利而不利于他的某件事，而是要他做对他自己有利，同时又符合你的想法的事。这里要掌握两个环节：一是说服人要设身处地地谈问题，要把别人的事当作彼此互相有利的事来加以对待；二是在促使他行动的时候，最好让他觉得不是你的主意而是自己的主意。这样他会喜欢，会更加主动和积极。

5. 用间接的方式促使他转变

说服人时如果直接指出他的错误，他常常会采取守势，并竭力为自己辩护，因此，最好用间接的方式让他了解应改进的地方，从而让他达到转变的目的。所谓间接的方法是多种多样的，如把指责变为关怀；用形象的比喻来加以规劝；避开实质问题谈相关的事；谈别人的或自己的错误来启发他；用建议的方法提出问题，等等。这就要靠说服者根据实际情况创造性地加以运用。

6. 提高对方"期望"的心理

被说服者是否接受意见，往往和他心目中对说服者的期望心理有关，说服者如果威望高，一贯言行可靠，或者平时和自己感情好，觉得可以信赖，就比较愿意接受他的意见。反之，就有一种排斥心理，所以作为领导者，平时要注意多与下属交往，和他们建立深厚的感情，这样在工作的时候，就能变得主动有力。

采用灵活的说服方式

不同的人对于同样的批评会有不同的心理反应，因为不同的人，性格与修养都是有区别的。

可以根据人们受到批评时不同反应将人分为迟钝型反应者、敏感型反应者、理智型反应者和强个性型反应者。反应迟钝的人即使受到批评也满不在乎；反应敏感的人，感情脆弱，脸皮薄，爱面子，受到斥责则难以承受，他们会脸色苍白，神志恍惚，甚至会从此一蹶不振，意志消沉；具有理智的人在受到批评时会感到有很大的震动，能坦率认错，从中汲取教训；具有较强个性的人，自尊心强，个性突出，"老虎屁股摸不得"，遇事好冲动，心胸狭窄，自我保护意识强，心理承受能力差，明知有错，也死要面子，受不了当面批评。

针对不同特点的人要采用不同的批评方式，对自觉性较高者，应采用启发作为自我批评的方法；对于思想比较敏感的人，要采用暗喻批评法；对于性格耿直的人，采取直接批评法；对问题严重、影响较大的人，应采取公开批评法；对思想麻痹的人应采用警示性批评法。在进行批评时忌讳方法单一，死搬硬套，应灵活掌握批评的方法。

正确的批评要求细密周到，恰如其分，普遍性的问题可以当面进行批评，对于个别现象就应个别进行。另外，也可以事先与之谈话，帮他提高认识，启发他进行自我对照，使他产生"矛头不集中于'我'"的感觉，主动在"大环境"中认错。另外，还要避免粗暴批评。

对下属的粗暴批评不会产生很好的效果。员工听到的只是恶劣言语，而不是批评的内容。他们的心中充满了不服和哀怨。这就使其产生逆反心理而不利于问题的解决。

要学会运用"胡萝卜加大棒"的策略，防止只知批评不知表扬的错误做法。在批评时运用表扬，可以缓和批评中的紧张气氛。可以先表扬后批评，也可先批评后表扬。

批评还要注意含蓄，借用委婉、隐蔽、暗喻的策略方式，由此及彼，用弦外之音，巧妙表达本意，揭示批评内容，引人思考而领悟。万万不可直截了当地说出批评意见，开门见山点出对方要害。

在批评时，可以运用多种方法。如：通过列举分析历史人物是非，烘托其错误；通过列举和分析现实中的人物的是非，暗喻其错误；通过分析正确的事物，比较其错误；还可采用故事暗示法，用生动的形象增强对他的感染力；通过一个笑话，使他认识错误，既有幽默感，又不致感到尴尬；通过轶闻趣事，使他听批评时，受到影射，也易于接受。总之，通过提供多角度、多内容的比较，使人反思领悟，从而自觉愉快地接受批评，改正错误，这才是我们所关心的问题。

对于十分敏感的人，批评可采取不露锋芒法，即先承认自己有错，再批评他的缺点。态度要谦虚，谦虚的态度可以使对方的抵触情绪很容易消除，便乐于接受批评。例如，可以对人这样批评："这件事，你办得不对，以后要注意了。不过我年轻时也不行，经验少，也出过很多问题，你比我那时强多了。"

有时一些问题一时未搞清，涉及面大或被批评者尚能知理明悟，则批评更要委婉含蓄。先表明自己的态度，让下属从模糊的语言中发现自己的错误。但是，也不能一概而论，对严重的错误，应当严厉批评。另外对于执迷不悟者和经常犯错误者，都应作例外处理。要么是他们改正错误，要么是你不用他们。

用他的动机来说服他

每一个人的行为都是由某种动机驱使的，要使说服取得实效，就应使对方内在地产生转变自己行为方式和服从模式的动机。为此，说服者要使自己的观点、目标、理念以及提出的建议、劝告、要求，与对方的有关动机联系起来。接受者的任何需要，只要与说服所涉及的论题有关，都是对方接受新观点或提出要求的心理根据，他将依据自己的内在需要来认同所提供的观念或建议。

为提高说服力而把对方的动机与需要作为自己可以运用的说服工具与手段，这一点本身应受到道德的限制，即只有在你的主张或产品真的像你所说的那样，满足了人们的需要时，这种诉求才是正当的。在今天如果有谁为设计永动机而筹集基金，这种做法和欺骗没有两样。但在说服时夸大其词、言过其实、掩盖反例的做法，无疑会降低可信性，瓦解信任关系。就人际沟通而言，说服过程中对对方动机的诉求，应当从具体的沟通情境上去作一点思考。值得引起重视的有如下几点。

1. 积极倾听

说服过程总是一个谈话过程，而有效的交谈，可以形成观念及经验的共享，产生人与人之间的亲和力。这种交谈必须是同步化的，与对方的理解及思考速度及表达习惯相吻合。怀有说服对方目的的人经常陷入的误区是，不能仔细领略对方态度上的微妙变化，从而难以把握信息发出的时机。在此应考虑到，当你试图说服对方时，对方也正在激烈地思想斗争，以改变自己早已内在化的服从结构。如果你想使对方服从你，就得允许对方有一个转变过程。有效倾听会使你知道对方转变中的难点何在，由此，你才可能设计自己该传达什么信息以及如何传达的策略。

2. 寻求帮助

说服之所以必要，是因为存在分歧。有分歧，若论起是非来每一方都会认为自己正确、对方错误，因此争论不能解决任何问题。不仅如此，这种是非争论将会破坏双方的信任关系。说服的过程，按照古希腊哲学家苏格拉底的说法是一个"接生"的过程，作为雅典最有说服力的人，苏格拉底奉行一种"自知自己无知"的哲学，认为自己之所以能说服对方，无非是把对方心中早已持有的某种观念催生出来，除此之外他并没有做什么。真正能取得成功的说服者都知道这一点，即不是说服者说服对方，而是被说服者自己说服了自己，如果说服者不能使被说服者自己说服自己，无论说服者说得天花乱坠都无济于事。

应当认识到最好的说服者是每一个人自己，如果他有说服自己的冲动，他将知道什么对自己才是最有说服力的。如果你想进行一次成功的说服，最好能取得这个说服大师——自己——的帮助。这种寻求帮助的做法将会使说服事半功倍。管理学早就发现，那些无权过问管理问题、无权提出建议、无权为管理工作出主意的工人，工作效率远比那些被鼓励参加管理的工人要差得多。在领导与组织过程中，吸收组织成员参与到决策中来，而不是先行决策、形成决议再让人们去遵守，将会使决策及计划在推广实施中的说服任务量降低很多，尤其是那些会引起人们严重不安或厌烦的决策，与其在决策形成后去说服，不如让人们参与决策制定，从而让他们自己说服自己。

化解心理矛盾的技巧

被说服者的处境是矛盾的，如果他不服从或不同意你的说法，就会与你产生冲突；但如果他服从你、同意你，又会与自己产生矛盾。在被说服的过程中，人们的心理矛盾有这几种表现形式。

1. 猜疑心理

即使人们彼此之间有信任关系，但在感到自己被对方说服时，也难免疑虑重重。尤其是有些人本身就有疑神疑鬼的毛病，这种情况会更加严重。信任意味着遵守诺言、保密与尊重对方人格，但在具体情境中这些信念可能会动摇，猜疑心理就会油然而生。

美国卡内基·梅隆大学的罗伯特·凯利博士，1989 年对美国 400 位经理的工作进行了调查，结果发现，在这些经理领导的企业中，有三分之二的人感到经理不能给他们提供"对公司观念的清晰理解，任务及目标的明确解释"。如果员工不能通过某些信息来理解自己工作的意义，其工作就不会有更高的绩效。尤其严重的是，如果领导不去提供信息、解释一下为什么，人们就会自作解释，结果还会产生出领导者不能驾驭的舆论，弄不好会毁掉领导者的职业前程。

2. 防卫心理

即戒备心理，这是指一种不易暴露，警觉地注意别人的一言一行，尽量推辞言语及行动上的责任的心理状态。

有效谈话的行为技巧可以医治防卫心理。你如果能造成一种同步的交谈，鼓励对方更多地表达自己的看法，促进他的自我表露，你就可以对症下药，找到突破口。另外，开放地表露自己，更多地积极反馈，表明你与对方的相同之处多于分歧之点，这样就可以缩短心理距离，有利于促进对方的理解，形成评价的一致。

3. 不安与精神压力

人具有保护自己的精神及人格完整性的本能，即使你不存在控制对方的动机，对方在面对要求作出转变时，也会因为这将可能影响自己的人格完整性而产生不安，承受一定的精神压力；同时，在他面对接受你与拒绝其他人的选择矛盾时，接受了你就意味着自己的态度及行为方式的转变又需要与其他人的关系进行调整，这时也会承担相当的精神压力。被说服者所承受的精神压力会影响说服的效率与成效，因此他们能躲即躲，实在躲不过，也将不置可否。

在涉及一些对被说服者来说是重大问题的说服时，对方的回避是不可避免的。故而要求说服者：

（1）一定要有耐心。刘备三顾茅庐才说服诸葛亮出山辅佐自己，因为对诸葛亮来说，这是人生的重大选择时刻，不可不慎重。

（2）交谈中要有策略地进行"信息注射"，不要一次把话说完，要给对方留有余地。

（3）要让对方认识到他的不安及压力的存在及根源，并就此进行交谈，逐一予以化解，要为对方设想好解释自己之所以转变的理由。更为慎重的方法是委托第三者去说服。实在无计可施、一筹莫展时，攻击对方背后的"精神领袖"与利益关联者也不失为一种方式，不过，这种方式应有一个道德尺度的约束。

第12章
掌握诙谐机智的沟通方式

在某些尴尬的场合或者困境中我们要善于巧妙地运用诙谐机智的语言来回应他人的责难、挑衅等行为。这样不仅缓解了气氛，还能引导沟通朝对自己有益的方向前进。

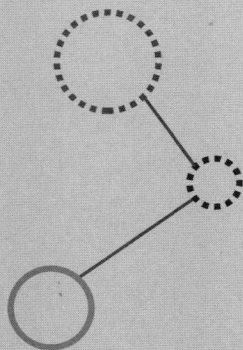

说话有时不要 "太直"

在现实生活中，虽然常常有一说一，有二说二，无须曲里拐弯地云山雾海一番，但在与人沟通时，为了避免伤害他人，为了更好地赞美他人或是为了得到别人的帮助等等之时，都必须将要表达之意寓于其他话语中，而不能做所谓的"直肠子"，快人快语会让事情搞砸得也快。

可见，与他人沟通时在特定语言环境中，为了避免不必要的麻烦，将真话变为错话，曲折地说出来，往往能得到意想不到的好结果。

生活中常有这样的事，当有人求自己帮忙，但却实在是办不到，此时若直言拒绝，一定会使对方难堪或伤害对方，那么该怎么办呢?

有一次，林肯在某个报纸编辑大会上发言，指出自己不是一个编辑，所以他出席这次会议，是很不相称的。为了说明他最好不出席这次会议的理由，他给大家讲了一个小故事:

"有一次，我在森林中遇到了一个骑马的妇女，我停下来让路，可是她也停了下来，目不转睛地盯着我的面孔看。

"她说: '我现在才相信你是我见到过的最丑的人!'

"我说: '你大概讲对了，但是我又有什么办法呢?'

"她说: '当然你已生就这副丑相是没有办法改变的，但你还是可以待在家里不要出来嘛!'"

大家为林肯幽默的自嘲而哑然失笑。林肯在这里巧妙地运用了自嘲来表达自己的拒绝意图。既没让人难堪，还在愉快的氛围中领悟到林肯的意图。

有时候为了避免直言相告，还可巧妙地寻找借口来为自己解围或是保全他人的面子。

舞会上，别人邀请你共舞，你内心实在不想跟他跳，可以说："我累了，想休息一下。"既达到谢绝目的，又不伤别人的自尊心。

别人与你相约同去参加某一活动，但届时你忘记了；或过后生悔，未去赴约。直说出原因，将会影响别人对自己的信任，也是对他人的不尊重。一般情况下，失约的可能原因有身体不适、家中有事、客人来访等，你可挑选较合情理的一种，作为事后的解释。

为了避免直言，运用各种暗示，以含蓄、隐晦的方法向对方发出某种隐含自己真实想法、态度的信息，以此来影响对方的心理，使对方明白自己的心意，这也不失为一个妙招。

一次，某乡党委为了加强机关干部管理，在工作考勤等方面做了一系列规定。决定由曾在乡属企业担任过多年负责人，不久前刚调到机关任传达工作的一位老同志负责考勤登记。老同志认为这项工作易得罪人，不愿意干，说自己过去就是因为办事太认真，得罪了不少人，正在吸取"教训"。

听了他的话，乡党委书记委婉地讲了一个故事：某电影导演，为拍部片子四处寻找合适的演员。一天，发现了一个合适的人选，便通知他准备试镜头。这个人十分高兴，理了发换上新衣，对着镜子左照右看，总感到自己的两颗"犬牙"式的牙齿不好看，于是到医院把牙齿拔掉了。后来，当他兴致勃勃地去报到时，导演一见到他就很失望地说："对不起，你身上最珍贵的东西，被你自己当缺陷给毁掉了，我们的影片已不再需要你了。"

故事讲完后，这位老同志懂得了"坚持原则，办事认真"正是自己最好的品质，于是他愉快地接受了任务。

在与人交谈中，慷慨激昂，锋芒外露，固然是一种本事，但细语声声，婉言相告，也是必不可缺的一种本领。要学会"绕"，正所谓"曲径通幽"，轮船正是善于"绕"，才能避开险滩暗礁，一帆风顺。

巧用谐音摆脱困境

谐音，是指利用语言的语音相同或相反的关系，有意识地使语句有双重意义，言在此而意在彼。巧用谐音，往往能使人摆脱困境化险为夷。

据传，从前有个宰相，他有一个名叫薛登的儿子，生得聪明伶俐。当时有个奸臣金盛，总想陷害宰相，苦于无从下手，便往宰相的儿子薛登身上打主意。有一天，金盛见薛登正与一群孩童玩耍，于是眉头一皱，诡计顿生，喊道："薛登，你像个老鼠一样胆小，不敢把皇门上的桶砸掉一只。"

薛登不知是计，一口气跑到皇门边上，把立在那里的双桶砸碎了一只。

金盛一看，正中下怀，立即飞报皇上。皇上大怒，立刻传薛登父子问罪。

薛登父子跪在堂下，薛登却若无其事地嘻嘻笑着。皇上怒喝道："大胆薛登。为什么砸碎皇门之桶？"

薛登想了想，反问道：

"皇上，您说是一桶（统）天下好，还是两桶（统）天下好？"

"当然是一统天下好。"皇上说。

薛登高兴得拍起手来："皇上说得对。一统天下好，所以，我便把那只多余的'桶'砸掉了。"

皇上听了转怒为喜，称赞道："好个聪明的孩子。"又对宰相说："爱卿教子有方，请起请起。"

金盛一计未成，贼心不死，又进谗言道："薛登临时胡编，算不得聪明，让我再试他一试。"皇上同意了。

金盛对薛登嘿嘿冷笑道："薛登，你敢把剩下的那只也砸了吗？"

薛登瞪了他一眼，说了声"砸就砸"，便头也不回奔出门外，把皇门边剩下的那只木桶也砸了个粉碎。

皇上喝道："顽童。这又如何解释？"

薛登不慌不忙地问皇上："陛下，您说是木桶江山好，还是铁桶江山好？"

"当然是铁桶江山好。"皇上答道。

薛登又拍手笑道："皇上说得对。既然铁桶江山好，还要这木桶江山干什么？皇上快铸一个又坚又硬的铁桶吧。祝吾皇江山坚如铁桶。"

皇上高兴极了，下旨封薛登为"神童"。

幽默的语言可以解围

面对人际交往的困窘，生意场上毁约失言的尴尬，求人办事时的难堪，伴侣、情人、恋人之间的吵闹和不悦，熟人朋友的刁难，上级领导的批评与指责……怎么办？是坐困愁城还是唉声叹气？这时你应该想到一种快乐的法宝——幽默，它会在你的生活中溅起愉悦的涟漪，并帮你脱离困窘、尴尬、难堪和不悦的境地。

试看下面一组故事。

杜罗夫是俄罗斯一位著名的丑角。一次演出的幕间休息的时候，一个很傲慢的观众走到他的身边讥讽道：

"丑角先生，观众对你非常欢迎吧？"

"是的。"

"要想在马戏班中受到欢迎，丑角是不是就必须具有一张愚蠢而又丑怪的脸蛋呢？"

听到此话，很多人围了过来。

"确实如此。"杜罗夫明白了这位观众的恶意，立即回答说，"如果我能生一张像先生您那样的脸蛋的话，我准能拿到双薪。"

这位傲慢观众的脸蛋，同杜罗夫能否拿双薪，本无丝毫内在的联系，但幽默的杜罗夫却巧妙地把它们牵扯在一起，轻松地为自己解了围。

一天，汤姆的老板开会时气急败坏地大叫：

"这次促销如果泡汤，我要把你们一个个扔进海里喂鲨鱼……"

这时，汤姆衣冠楚楚地站起来，转身欲走，老板更气了：

"你要去哪里？"

原先是要去洗手间的汤姆即兴改口说：

"学游泳。"众人大笑，紧张的气氛马上缓和下来，老板也笑了："你这浑小子。你以为我真的忍心把你们扔进海里……"

汤姆的即兴幽默一下把一个严肃的会议变得轻松愉快起来。

一个和尚在人的戏弄下被骗进考场，考官见和尚憨头憨脑，想为难一下他，于是给他出题。

考官："孔圣人三千弟子下场去。"

和尚："如来佛五百罗汉上西天。"

考官："子曰：克己复礼。"

和尚："佛道：回头是岸。"

考官急了，喝道："旗鼓。"

和尚赶快高声道："木鱼。"

考官忍耐不住了："岂有此理，岂有此理。"

和尚以为考完了："阿弥陀佛，阿弥陀佛。"

考官喊道："快滚。"

和尚忙谢："善哉。"

这则幽默是典型的职业辐射法，用和尚自己熟悉的词语去对儒家经典，对比出人意料。这种以职业性质而养成的职业意识产生的幽默极有意味。

出其不意，反唇相讥

出其不意，顾名思义，就是出乎对方意料之外，运用这种方法讲究的是快和准，让对方始料不及，从而达到说话的目的。下面我们讲三个关于驴子的故事，虽然有辱人之嫌，但思维之方式大可以借鉴学习。

德国诗人海涅是犹太人，常常遭到无礼的攻击，一次晚会上有一位旅行家对他说：

"我发现一个小岛，这个小岛竟然没有犹太人和驴子。"

这位旅行家知道海涅是犹太人，竟然当面把犹太人与驴子相提并论。旅行家说完见海涅默不作声，便幸灾乐祸地笑了起来。海涅明白旅行家是在讥讽自己，于是缓缓地说：

"那么看来，只有你我一起去那个岛上，才能弥补这个缺陷。"

海涅话刚说完，旅行家目瞪口呆地看着海涅，显然他被海涅出其不意的回答惊呆了，不一会儿就偷偷溜走了。

一次聚会上，一位诗人与一位富翁坐在一起，富翁想侮辱诗人，便问他：

"告诉我，你跟一头驴能差多少？"

诗人受到侮辱并没有发作，而是不动声色地目测了一下他们之间的距离，答道：

"不远，只有25厘米。"

听了诗人的答话，富翁四处看了看，立即起身走开了。在这里，富翁原话是骂诗人与驴差不多，诗人的答话则是直接把富翁当做驴了。这一答话使富翁始料不及，只能悻悻而逃。

有一位老太婆正赶着驴子走路，年轻人嫌她挡了道，但又不好发作，想设法侮辱她一下，故意向老太婆打招呼："你好啊，驴的母亲。"老太婆当然听出话外之音，望一望那位青年人，笑着接口道：

"你好啊。我的孩子。"

一语双关巧达目的

一语双关是在一定的语言环境中，利用语音或语义获得表里双重意义的修辞技巧。其特点是利用汉语词语的多义性或谐音，使一句话含两种可能的解释，即表面的意思和暗含的意思，而暗含的意思才是说话者所要表达的真正意思。

例如《红楼梦》第八回写了这样一件事。

宝玉欲喝冷酒，宝钗劝说宝玉不要喝，说喝冷酒对身体有害，宝玉觉得有理，便令下人热了方饮。黛玉在一旁听后，抿着嘴笑，看在眼里，恨在心里。恰巧黛玉的丫杯雪雁来给黛玉送手炉，黛玉问是谁要她送来的，雪雁说是紫鹃姐姐怕姑娘冷，让送的。黛玉接过手炉时对雪雁说："也亏了你倒听她的话，我平日和你说的，全当耳旁风；怎么她说了你就依，比圣旨还快呢。"

黛玉的话表面看来，是说雪雁听信紫鹃的吩咐而不听她的话，实际上则是奚落宝玉听信宝钗的话没喝冷酒，而平时不听她的话。

一语双关，由于含蓄委婉，生动活泼，话中有话，又幽默诙谐，饶有趣味，能给人以意在言外之感，又使人回味无穷，因而经常为人们所使用。

阿凡提在闹市租了一家店面开理发店，租期为一年。

店主仗着店面是他出租的，每次剃头都不给钱。

有一天店主又来了，阿凡提照例给他剃了光头，然后边刮脸边问道：

"东家，眉毛要不要？"

"废话，当然要。"

阿凡提嗖嗖两刀，把店主的两道浓眉剃了下来，说：

"要，就给你吧。"

店主气得说不出话来，埋怨自己不该说"要"。

"喂，胡子要不要？"

"不要，不要。"店主忙说。

阿凡提嗖嗖几刀，把店主苦心蓄养的大胡子刮下来，甩到地上。

阿凡提用双关语，把店主整治得无可奈何。

从前，有个县官带领随员骑着马到王庄去处理公务，走到一个岔道口，不知朝哪边走才对，正巧一个老农扛着锄头迎面走来。

县官头也不回神气十足地喝问："喂，老头，到王庄怎么走？"

老农头也不回，只顾赶路，也不搭理。

县官不悦，大声吼："喂。老头，问你呢，长没长耳朵？"

老农停下："我没有时间回答你，我要去李庄看件稀奇事。"

县官："什么稀奇事？"

老农："李庄有匹马下了头牛。"

县官："真的？马怎么会下牛呢？"

老农："世上的稀奇事多着呢，我怎知道那畜生为什么不下马呢？"

在论辩中，若遇到棘手的问题不好回答或不能回答时，一语双关往往能收到出人意料的效果。

有一次，美国总统里根决定恢复出产 B—1 轰炸机，引起许多美国人的反对。在记者招待会上，面对责问，里根答道："我怎么不知道 B—1 是一种飞机呢？我只知道 B_1 是人体不可缺少的维生素，我想我们的武装部队也一定需要这种不可缺少的东西。"

这句一语双关的妙言，一时竟使得那些反对者不知所措。

又如，一个中年男子在火车站候车，看见坐在身边的一位少妇风韵照人，遂起邪念。他见少妇穿着一双肉色丝袜，便色眯眯地凑上前去搭讪。

男子：你这双袜子是从哪儿买的？我想给我的妻子也买一双。

少妇：我劝你最好别买，穿这种袜子，会招来不三不四的男人找借口跟你妻子搭腔的。

男子听后只得夺路而逃。

另辟蹊径，曲径渗透

生活中我们正面办不了的事情，只能从侧面去想办法，侧面如果再受阻的话，那就只能另辟蹊径了，或者曲径渗透，或者隔山打牛，这种效果会有出人意料的效果。

王小姐近来身体发福，颇为烦恼。一天，她对刘大姐发牢骚说："你看，我是越长越胖。""你不算太胖，看起来很健康。"刘大姐安慰道。王小姐接着说道："还不胖呢，前几天称体重都快70公斤了。""那您当时一定是在锻炼身体，手里正拿着两个哑铃吧。"刘大姐一席话把王小姐逗得前仰后合。

有一顽童，大年初一那天，一大早便出门找伙伴玩耍去了。玩了一段时间后，发现自己头上一顶崭新的帽子不知何时丢了。于是心惊胆战地跑回家去，对他母亲说了。要是在平时发生这种情况，母亲一定会大声斥责他。可是今天是大年初一，不能骂孩子，尽管心里很火，也得硬忍着。这时来他家串门的邻居小王听了笑着说："狗娃子的帽子丢了，这没关系，不正好意味着'出头'了吗？今年你们家一定走好运，有好日子过了。"一句话，母亲转怒为喜。从此在邻居间小王的说话形象一下子提高了许多。

小王应邀参加一位朋友的婚礼，可天公不作美，小雨从早到晚一刻也未停过。等赶到朋友家时，衣服上溅满了星星点点的泥水。当一对新人双双向他敬酒时，朋友看到他满身泥水，略带歉意地说：

"冒雨前来，你辛苦了。这都怪我没选好日子。"

小王赶忙接过话茬说："自古道，'久旱逢甘雨，他乡遇故知，洞房花烛夜，金榜题名时'，这人生的四大喜事，让你们小两口一天就赶上了两个，这才叫双喜临门呢。"一句话说得满堂喝彩。小王意犹未尽，接道："既然说到了雨，敝人有首打油诗，借此机会赠给两位新人。"说完接着吟道：

"好雨知时节，当婚乃发生。随风潜入夜，听君亲吻声。"一首歪诗，逗得新娘面颊绯红，引来满座欢笑。小王一席话确立了他在人群中的说话形象和说话风格，使他成了一个到处受欢迎的人。

有一次座谈会上，有几位同志为鬼戏喊冤，认为神戏早已搬上银幕，也已登台亮相，唯有鬼戏既未上演也未登台。大家正在愤愤不平之时，一位青年脱口点出其中缘由："这叫做'神出鬼没'。"此言一出，会场气氛顿时增色不少。

在当今人际交往日益紧密频繁的时代，语言在沟通中起着越来越重要的作用，只要我们以雍容豁达的态度对待生活，就会发现，生活中处处充满趣味和温情，充满欢乐和笑声。

引石攻玉会有奇效

俗话说："他山之石，可以攻玉。"此话说的是办事的一种方略，运用在说话中，则更有奇效。

唐宪宗曾问李绛："谏官中有很多人毁谤朝政，却没有事实根据，我想贬斥其中一两个言辞较激烈的，来警戒其他人，怎样？"

李绛回答说："这恐怕不是陛下的想法，一定是奸邪的臣子用这种话来蒙蔽您的耳目。大臣的生死取决于君主的喜怒，因此敢开口谏诤的又有多少？即使有劝谏的，事前也要昼思夜虑，把准备说的话早晨删去一点，晚上又删去一点，等到呈奏上来时，剩下的根本不到十分之二三。所以君主孜孜不倦地寻找谏言，还怕找不到。怎么还要加罪于敢谏的人呢？像陛下刚才所说的那样去做，就会杜绝天下人的正直言论，这不是社稷之福啊。"

宪宗赞扬了李绛，取消了惩办进谏者的打算。

文中李绛明知这是宪宗的主张，但他不敢与宪宗在观点上争论对错，只有强把宪宗自己的主张引为臣子主张，加以毫不留情的反驳，让宪宗明白他的想法的利害关系，从而达到规劝的目的。引石攻玉，也可以说是言在此而意在彼，声东击西，假借他人之义，达到自己的目的。

宋太祖杯酒释兵权，就是一个典型的事例。

宋太祖夺得天下不久，就问赵普："从唐末以来，几十年间，换了十几个皇帝，征战不息，其原因何在？"

赵普回答说："因藩镇的势力太强大了，皇帝势弱而臣子势强，自然无法控制局面。当今之计，只有稍微削减他们的权力，控制他们的钱粮，收编他们的精兵，天下自然就会安定。"

话未说完，太祖就说："你不用再说了，我已经知道。"过了不久，太祖和老友故将石守信等人饮酒，酒酣耳热之际，命令左右伺候的人退下，对他们说：

"我如果不依靠你们的力量，不可能有今天的金殿龙袍，我将永远铭记你们的恩德，每时每刻都不忘记。然而做天子也十分困难，简直不如当节度使快乐。我现在整夜寝不安枕啊。"

石守信等人问："为什么呢？"

太祖说："这不难知道，身居我这个位置的人，谁不想将我干掉。"

石守信等人惶恐万分，向太祖叩头说："陛下为什么说出这样的话呢？"

太祖说："不是这样吗？你们虽然没有这个野心，但你们手下的人想富贵啊。一旦他们将皇袍给你们穿上，就是想不做皇帝，也是不可能的了。"

石守信等人都叩头哭泣道："我们虽愚蠢之至，还未到这种地步，只求陛下怜悯我们，给我们指出一条生路。"

太祖于是说："人生短暂，如白驹过隙。想求富贵的人，不过多得些金钱，使自己优裕享乐，使子孙不受贫乏之苦。你们何不放弃兵权，选择些好田宅买下来，为子孙创立永久的产业，多多购置一些歌姬舞女，成天饮酒作乐，以终天年？我们君臣之间也免去互相猜忌怀疑，不也很好吗？"

石守信等人再次拜谢太祖："陛下能替臣等考虑得这般周到细致，真可谓同生死的亲骨肉啊。"

第二天，他们几个人都以自己有病为由，无法继续任职，请求太祖解除了他们的兵权。

引石攻玉，用谈判语言来说也叫"引起竞争"，是谈判者可资运用、行之有效的基本谋略。

如《围城》中三闾大学中文系的汪主任给假洋博士方鸿渐出的主意，就是如此。华阳哲学系是否真要方鸿渐，无须考证，只要让高校长知道华阳哲学系在跟他争方鸿渐，就已达到目的。作为一种说话技巧，引石攻玉，不一定要引起竞争，只要能用引来的"石"将"玉"攻开，就已达到目的。但运用之时必须选准自己所需之"石"。

虚张声势的语言技巧

虚张声势是以夸张的语言造成严重的形势。给对方造成强烈的震撼，以此说服对方，或脱离险境。

第二次世界大战之初，德国于1941年制定的建造几十艘潜水艇的计划很快要成为现实，需要有几千名德国青年来操纵这些新式秘密武器。正当许多青年把当潜水兵作为一种崇高的职业，争先报名参加杜尼兹海军上将的潜水艇部队时，许多地方出现了一种精心设计的传单：潜水艇被画成一个"钢铁棺材"，上有这样的文字：

"当潜水兵极其危险，寿命短，长时期同外界隔绝……"

同时，英国人在无线电广播中，开办针对德国人的节目，告诉德国人如何假装患某种疾病以避免当潜水员。原来，这是英国海军部一个代号为

OP－16—W 的秘密部门，针对德国人很容易受到心理攻击的特点，运用心理学知识对德国进行的一次"心理战"。

　　这样一来，许多青年对当潜水兵产生了恐惧心理，放弃了报名。

　　由此可见，虚张声势，让对方在心理上受到强烈的震撼，你的说服就会有效果。试想，聪明的英国人将潜水艇描绘成可怕的钢铁棺材，还会有谁愿去白白送命呢？

　　战国时，有一个名叫张丑的人在燕国当人质。

　　这一天，张丑听说燕王想杀死他，便急忙逃走。很快，他便来到燕国的边境，眼看离自由只有一步之遥了，不料却被燕国边境的巡官抓个正着，巡官以为这下立了大功，决定将张丑送回燕王处报赏。张丑心想，如果被送回去，肯定是死路一条，必须想办法逃走，思来想去，张丑终于想出一条妙计。

　　张丑对看守他的兵士说：

　　"快去叫你们的头儿，我有话跟他说。"

　　看守连忙前去禀报。不大一会儿，巡官过来了。

　　张丑神秘地对巡官说：

　　"你知不知道，你们燕王为何要杀我？"

　　"不知道。"

　　张丑故意压低声音说："燕王之所以要杀我，是因为有人说我有很多珠宝，燕王想要得到它们。事实上那些珠宝已经没有了，但是燕王不信任我。"

　　"这跟我有什么关系？"巡官不解。

　　"如果你现在把我送给燕王的话，他必定还要问我珠宝藏在何处。到时我就说，你把这些珠宝全吞在肚子里了。到时候……"

张丑故意抬高了声音——

"燕王肯定让你剖腹取珠，你的肚肠将被一寸一寸地割开。"

这时，巡官早已吓得不住地颤抖，赶紧放了张丑，让他逃出燕国。

生活中，假如跟你交谈的那个人固执己见，盲目自信，志得意满的话，要想使他改变主张，收回成见，转向你所设置的既定目标，你就必须虚张声势，充分论述其原有想法或做法的危害，使其猛然警醒，继而听从于你。

将错就错的应变技巧

掌握神奇机智的语言应变技巧，无论是在社会交往还是在商业谈判、发表演说等方面，都具有重要的作用。

我们在社交场合中，特别是处境尴尬时，将错就错的巧妙开脱往往比一味解释更具有奇妙的作用，它是机智应变语言的重要内容之一。

《世说新语》中记载了这样一个故事。

一天，魏文帝下旨传钟毓、钟会兄弟二人进宫，由于第一次见皇帝，二人心中不免紧张，钟毓出了一额头的汗。

皇帝见了便笑问老大钟毓：

"你怎么出汗了？"

"战战惶惶，汗出如浆。"钟毓一边擦汗一边回答。

魏文帝又问老二钟会：

"你怎么没出汗？"

"战战栗栗，汗不敢出。"钟会答道。

两人皆受到了魏文帝赏识。

清代大才子纪晓岚才华横溢，深得乾隆皇帝喜爱。纪晓岚也在乾隆皇帝面前无所顾忌，经常口出"狂言"。

有一次，乾隆皇帝带着几个随从突然来到军机处。此时的纪晓岚正光着膀子和几个办事人员闲聊。其他人老远就看见皇帝上来了，连忙起身迎上前去接驾。纪晓岚是高度近视，刚开始没看见走在最后面的乾隆，等他明白怎么回事的时候，乾隆已到了跟前。

纪晓岚心想："就这样光着膀子接驾，岂不是冒犯龙颜？干脆一不做二不休，趁着别人不注意钻到桌子底下躲起来算了。"

这一切，早被乾隆看了个真真切切，他心中一阵好笑，有心想"整整"纪晓岚。

乾隆在椅子上坐定，示意其他人都不许出声，很长时间过去了，纪晓岚在桌子底下早就待不住了，心中纳闷：怎么进来之后就没动静了？这么长时间了，早该走了，该不是已经走了吧，想到这里纪晓岚压低了嗓门，喊道：

"喂，有人吗？老头子走了吗？"

满屋子的人都听到了，大家忍不住都想乐，一听纪晓岚喊"老头子"，心想这下子可有好戏看了。

乾隆也听得真真切切，板起脸，厉声喝道：

"纪晓岚，出来吧。"

纪晓岚一听是乾隆的声音，心想："完了，完了，这回可完了。"只好无可奈何地从桌子下钻出来见驾。

乾隆一看纪晓岚光着膀子，满身大汗，惊慌失措的样子，不禁一阵好笑，心想："纪晓岚人称大清第一才子，居然这般模样。"接着，乾隆故意装作生气的样子，大声喝道：

"大胆纪晓岚，你不见驾也就罢了，居然还敢说朕是'老头子'，你什么意思？今天你要讲不清楚，要了你的脑袋。"

到了这种境地，纪晓岚反倒镇静了许多，一边擦汗，一边苦思对策。忽然他灵机一动，反正错了，错了就错说呗，不紧不慢地说道："万岁爷请息怒，刚才奴才称您为'老头子'，只是出于对您老人家的尊敬，别无他意。"

乾隆一听更来气了：

"尊敬？好，你给朕说说怎么个尊敬法。"

纪晓岚慢慢说道："先说这'老'字，天下臣民每天皆呼皇上万岁，万岁，万万岁，您说这万岁、万万岁算不算'老'啊？"

乾隆没作声，只是点点头。

纪晓岚见乾隆有所应允，接着说：

"再说这'头'字，家有千口，主事一人，如今皇上便是我大清国的主事之人，是天下万民之首，"首'者'头'也。故此称您为'头'。"

乾隆边听边眯着眼睛笑，很是满意。

"至于这'子'嘛，意义更为明显。皇上您贵为天子，乃紫微星下凡。紫微星，天之子也，因此您为'子'。这便是我称您老人家为'老头子'的原因。"纪晓岚说完轻轻舒了口气。

乾隆听完拍掌大笑："好一个'老头子'，纪晓岚你果然是个才子。"

在这里纪晓岚将错就错使皇上龙颜大悦，巧妙地为自己化解了一次险情。

又如前联合国秘书长瓦尔德海姆就任奥地利总统后不久，因他在纳粹军队中任过职，国际舆论一时沸沸扬扬。他在接受一名记者采访时，记者问及此事，这使他颇为尴尬。但他仍不失风度地对记者说：

"关于这件事情，我无权作出解释，最权威的解释者是我母亲，看她是不是生了两个瓦尔德海姆。"

瓦尔德海姆将错就错，一句话即使自己脱离了尴尬的境地，又不失总统的风度。

用好口才化解窘境

小小的"舌头"在关键时刻真可以起到"一言兴邦"或"一言辱国"的作用。

萧伯纳是英国著名幽默作家，他年轻时遇事十分胆怯，后来以不怕出丑学溜冰的精神练习演讲和辩论，终于成为闻名于世的演说家。

有一次，他写的新剧本《武器与人》首次演出获得成功。剧终落幕时，许多观众要萧伯纳上台，接受大家的祝贺。

可是，当他走上舞台时，突然有个人冲到台上对他大叫："萧伯纳，你的剧本太糟了！谁要看这个烂戏，赶快收回去，停演吧！"

面对这个突如其来的状况，观众大吃一惊，以为萧伯纳准会气得浑身发抖，愤怒地回敬这个无礼的挑衅者。

谁知，萧伯纳非但没生气，反而彬彬有礼地向那个人深深地鞠了一躬，笑容满面地说："我的朋友，你说得很对，我完全赞同你的意见，但遗憾的是，我们两个反对这么多观众有什么用呢？我们俩能禁止这个剧本的演出吗？"

这番话使得全场哄堂大笑，紧接着观众报以热烈的掌声。在掌声中，那个挑衅者只好悻悻然地溜走了……

倘若萧伯纳直言对抗，尽管他舌灿莲花的口才也能取胜，但绝不可能获得如此有力的奇妙效果。

妙语可以出奇制胜，只要运用得当，往往能收到直言不讳难以达到的效果。

王安石的小儿子王元泽，从小口齿伶俐。有一次，客人想考他，指着厅外的兽笼问："你能告诉我，笼里关着的两只兽，哪只是鹿，哪只是獐吗？"

王元泽并不认识这种兽，但他不假思索地回答："獐边是鹿，鹿边是獐。"

这机警的回答，博得了满堂喝彩。

这个故事告诉我们，所谓"口齿伶俐"，并非仅仅意味着吐字清晰与表达流畅，更在于思维的敏捷。头脑迟钝的人，恐怕很难有一副"伶牙俐齿"，而能言善辩者，一般都是"眉头一皱，计上心头"的机灵人。从这个角度讲，口才的训练实质上是思维训练。